Mediterrane Küche

Interessant, gesund und abwechslungsreich

EDITION XXL

Inhalt

Vorwort

Auch wenn Geschmack eigentlich Geschmacks-sache ist, läuft doch den meisten Menschen bei Gerichten aus der mediterranen Küche das Wasser im Munde zusammen: gegrilltes Gemüse mit frischen Kräutern und Knoblauch sowie mit Olivenöl beträufelt, Bruschetta mit Bohnen, Gemüse und gehobeltem Parmesan, Brathähnchen mit Oliven und Rosmarin, Harira mit frischem Koriander…

Doch oftmals kommt gleichzeitig die Sorge um das Körpergewicht auf, insbesondere wenn man bedenkt, wie reichhaltig die Gerichte der Mittelmeertradition mit Fett (Olivenöl) versehen und zu welcher Tageszeit sie traditionell verzehrt werden: meistens nie vor 18 Uhr abends, oft erst gegen 20 Uhr – viel zu spät, wie uns die Ernährungsberater im Hinblick auf mittel- und nordeuropäische Gerichte stets ans Herz gelegt haben. Und dabei haben die Völker der Mittelmeerländer statistisch gesehen weitaus weniger Gewichtsprobleme und gesundheitlich wunde Punkte wie Herz-Kreislauf-Erkrankungen, ja sogar weniger Fälle von Demenz oder Krebs. Wie dieses Paradoxon erklärt werden kann, ist noch nicht vollständig erforscht. Vermutlich liegt die

Antwort in der allumfassenden Ernährung nach der *Dieta Mediterranea*, der Mittelmeerdiät, an der sich die Rezepte in diesem Buch orientieren. Sicher jedoch ist, dass diese gesunde Art zu kochen unglaublich lecker ist. Außerdem kann man beim Kochen und erst recht beim Essen in Urlaubserinnerungen schwelgen – ist es doch oftmals genau die Kost, die wir beim letzten Urlaub am Meer genossen haben. Setzen Sie ihn doch einfach fort, den Urlaub, wenigstens ab und zu einmal! Die zusammengestellten Rezepte aus den Ländern rund ums Mittelmeer bringen Sonne und Erholung in Ihre Küche und auf den Tisch.

Viele Freude beim Kochen und guten Appetit

wünscht Ihnen *Elisabeth Bangert*

Ratgeber

Wenn man von mediterraner Küche spricht, so sind damit die Küchentraditionen der ans Mittelmeer angrenzenden Länder gemeint. Viele dieser Nationen sind als Urlaubsländer sehr beliebt und die jeweilige Landesküche ist meist als „Urlaubsküche" in unserem Bewusstsein verankert.

Die Küche der einzelnen Mittelmeerländer ist so vielfältig wie die Anzahl der angrenzenden Nationen – vielleicht noch vielfältiger aufgrund regionaler Unterschiede innerhalb eines Landes. Aber dennoch lassen sich einige kulinarische Gemeinsamkeiten feststellen, die die Bezeichnung „mediterrane Küche" rechtfertigen: Obst und Gemüse, das aufgrund des milden bis sehr warmen Klimas oft ganzjährig verfügbar ist, wird stets frisch zubereitet. Frische charakterisiert auch die Vorgehensweise beim Würzen der Speisen: frische Kräuter, wann immer es möglich ist, vervollständigt durch die Verwendung von reichlich Olivenöl, das Kräuter und Gewürze zur vollen Entfaltung bringt und geschmacklich abrundet. Butter wird nur selten verwendet, und wenn, dann gibt man sie nur als Geschmackszutat am Ende des Garvorgangs direkt in die Pfanne. Dazu kommen häufig Knoblauch und Tomaten, verhältnismäßig wenig Fleisch, dagegen viel Fisch oder Meeresfrüchte. Ein zusätzlicher Ballaststofflieferant sind Hülsenfrüchte wie Linsen, Kichererbsen und Bohnen, die darüber hinaus noch viel Eiweiß enthalten.

Genau betrachtet handelt es sich bei der mediterranen Küche um eine Küchentradition, die in ihrer Vorgehensweise sehr einfach ist: Zubereitet wird, was da ist – ohne aufwändigen Transport oder industrielle Bearbeitung. Raffinesse und besondere Spezialitäten sind hierbei nicht notwendig, denn die mediterrane Küche ist – gerade aufgrund ihrer Einfachheit und Ursprünglichkeit – bereits raffiniert und delikat!

Dieta Mediterranea – die Mittelmeerdiät

Auffällig ist die statistische Feststellung, dass die Bewohner der Mittelmeerstaaten im Vergleich zu anderen geographischen Zonen weniger mit Gewichtsproblemen zu kämpfen haben und deutlich seltener an Herz-Kreislauf-Erkrankungen leiden. Ferner sind dort weniger Demenzfälle und Krebserkrankungen zu verzeichnen. Ernährungswissenschaftler und Mediziner führen dies zum Großteil auf die Ernährungsweise zurück. In ihren Grundzügen wird diese Ernährungsweise als „Diät" bezeichnet und sie wurde im Jahr 2010 von der UNESCO als „Dieta Mediterranea" in die Liste des immateriellen Kulturerbes aufgenommen.

Tatsächlich enthält Olivenöl einen Wirkstoff, der im menschlichen Körper vergleichbare Prozesse in Gang setzt wie z. B. Acetylsalicylsäure, womit die vorbeugende Wirkung im Hinblick auf Herz-Kreislauf-Erkrankungen erklärt werden kann. Ebenso enthält es Inhaltsstoffe mit antioxidativer Wirkung, wie Phenole und Tocopherole, die sich positiv auf das Immunsystem auswirken.

Olivenöl wird in nahezu allen Ländern des Mittelmeerraums gewonnen. Die Öle der einzelnen Anbauregionen sind aufgrund der verschiedenen Olivensorten und Anbaubedingungen sehr unterschiedlich. Entscheidend für die Qualität sind letztendlich die Ernte- und Ölgewinnungs-

Bereits in den fünfziger Jahren hatte der amerikanische Ernährungswissenschaftler Ancel Keys in seiner „Sieben-Länder-Studie" festgestellt, dass die Mittelmeervölker im Vergleich zur Bevölkerung in den USA wesentlich weniger anfällig waren für Herz-Kreislauf-Erkrankungen und eine vergleichsweise höhere Lebenserwartung hatten. Er führte dies auf ihre Ernährungsweise zurück, die sich durch die Verwendung von vorwiegend frischem Gemüse und Obst, Hülsenfrüchten, Fisch und Kräutern sowie insbesondere Olivenöl auszeichnet. Ferner werden die Mahlzeiten (Nordafrika ausgenommen) durch einen maßvollen Genuss von Rotwein ergänzt.

methoden. Die hochwertigsten Öle werden mit der Bezeichnung „Natives Olivenöl Extra" oder „Extra Vergine" versehen. Sie werden schonend kalt gepresst und nach erster Pressung abgefüllt. Qualitativ hochwertige Öle erkennt man an der tiefgrünen bis goldgelben Farbe und am fruchtigen bis scharfen Geschmack. Gutes Olivenöl ist im Vergleich zu anderen Speiseölen teuer. Man kann dafür durchaus 15 bis 30 Euro ausgeben. Dabei sollte man nicht vergessen, dass in 1 Liter Öl nahezu die Ernte eines halben Baumes steckt. Ein Olivenbaum trägt pro Jahr durchschnittlich etwa 20 kg Oliven, aus denen bei schonender Pressung 2 bis 3 Liter Öl gewonnen werden.

Zutaten

Olivenöl

An Fett wird in der Küche der Mittelmeerländer nicht gespart. Es wird jedoch fast ausschließlich Olivenöl verwendet, das sich durch seinen hohen Gehalt an ungesättigten Fettsäuren auszeichnet. Außerdem wurden im Olivenöl einige Wirkstoffe nachgewiesen, die seine ausgiebige Anwendung zu diätetischen und medizinischen Zwecken seit der Antike im Nachhinein erklären. Bereits Homer berichtet von einer Diät auf der Grundlage von Olivenöl für die Sportler der Olympischen Spiele.

Kräuter und Knoblauch

Frische Kräuter sind die besondere Würze der Mittelmeerküche: Basilikum, Rosmarin, Lavendel, Salbei, Petersilie, Koriander und Pfefferminze. An anderen Gewürzen kommen vor allem Salz, Pfeffer und Cumin (an der nordafrikanischen Mittelmeerküste) zum Einsatz. Mit den genannten Kräutern lassen sich zum Würzen von Gemüse, Fisch und Fleisch im Übrigen vorzügliche Salzmischungen herstellen. Dazu werden die gewaschenen und getrockneten Kräuter zusammen mit grobem Meersalz im Mörser zerrieben. Falls nicht anders angegeben, werden frische Kräuter möglichst

gegen Ende des Garvorgangs zerkleinert oder gewiegt den Speisen zugefügt. So bleibt ihr frisches Aroma lange erhalten.

Auch die ausgiebige Verwendung von Knoblauch ist für die Küche des Mittelmeerraums charakteristisch. Seine besondere gesundheitsfördernde Wirkung dürfte sich mittlerweile überall herumgesprochen haben. In Kombination mit frischen Kräutern und reichlich Olivenöl kann man sich daran erfreuen, dass gesunde Kost unglaublich lecker sein kann!

Frische Zutaten

Im gesamten Mittelmeerraum wird bei der Zubereitung der Speisen stets auf frische Zutaten geachtet. In den nordeuropäischen Ländern ist es nicht immer einfach, wirklich frisches und erntegereiftes Gemüse und Obst zu bekommen. Dennoch sollte man beim Einkaufen gezielt nach frischer Ware Ausschau halten und gegebenenfalls umdisponieren. Die Suche nach frischen Artischocken, knackigem Fenchel, würzigem Basilikum oder Koriander schult das Auge und beflügelt die Kreativität eines jeden Kochs.

Hülsenfrüchte

Linsen, Kichererbsen und Bohnen sind in der mediterranen Küche wichtige Ballaststofflieferanten. Hülsenfrüchte sind sehr preiswerte und immer verfügbare Zutaten, die sich wegen ihrer langen Haltbarkeit gut zur Vorratshaltung eignen.

Außerdem sind sie eine nicht zu überbietende Quelle an pflanzlichem Eiweiß und liefern wertvolle Vitamine der B-Gruppe sowie Magnesium, Eisen, Kalzium, Kalium und Zink. Besonders interessant ist bei der Verdauung von Hülsenfrüchten deren Auswirkung auf den Stoffwechsel des Menschen. Aufgrund ihrer besonders komplexen Kohlenhydrate haben sie eine positive Wirkung auf den Blutzuckerspiegel, weshalb sie auch als wichtiges Lebensmittel für Diabetiker gelten.

Fisch und Fleisch

Da das Meer vor der Haustür liegt, werden in der Mittelmeerküche häufig frischer Seefisch oder Meeresfrüchte zubereitet. Fisch und Muscheln liefern die herzschützenden Omega-3-Fettsäuren sowie Jod und Eiweiß. Fleisch hat also einen starken Konkurrenten auf dem Speiseplan und wird weniger häufig zubereitet. Hierbei wird dann Hühnchen, Lamm und Rind der Vorzug gegeben.

Beilagen

Als Beilage wird im Mittelmeerraum meistens Weißbrot gereicht. Es wird aus aus gemahlenem, weißem Mehl mit hohem Anteil an Klebereiweiß hergestellt und in verschiedenen Formen von länglichen großen oder kleineren Laiben bis hin zu runden Fladen gebacken. Dabei stellt sich natürlich die Frage nach der Ballaststoffzufuhr innerhalb der mediterranen Küche. Ballaststoffe sind aber in großer Menge in Gemüse und Hülsenfrüchten vorhanden.

Küchenausstattung

Das meiste Küchenzubehör für die mediterrane Küche befindet sich sicherlich bereits in Ihrem Küchenschrank: Töpfe, Pfannen, Messer, Abtropfsieb etc. Sinnvoll ist jedoch ebenso eine Grillpfanne, wenn möglich aus Gusseisen. Damit lassen sich Gemüse, Fleisch oder Fisch ohne den Zusatz von Fett kurz und scharf anbraten. Am besten erhitzt man die Grillpfanne über der Gasflamme, aber auch ein gewöhnlicher Elektroherd ist dafür geeignet. Dann sollte man jedoch die Pfanne vor dem Auflegen des Grillguts kräftig vorheizen, was beim Elektroherd einige Minuten dauern kann.

Auch eine Kräuterwiege zum fachgerechten Zerkleinern der frischen Kräuter ist sinnvoll. Sie sollte stets gut geschärft sein, damit die Kräuter sauber klein geschnitten werden können und beim Schneiden nicht zerdrückt werden.

Hinweis

Die Rezepte in diesem Buch sind für 4 Personen berechnet.

Lachs-Carpaccio
mit Zitronen und Limetten

Zutaten:

400 g frisches Lachsfilet, küchenfertig
2 Zitronen, unbehandelt
2 Limetten, unbehandelt
1 EL grüner Pfeffer, in Salzlake
1 Avocado

1 kleiner Bund Schnittlauch
4 EL Olivenöl
1 TL Honig
Salz, Pfeffer

Zubereitung:

1. Den Lachs waschen, trocken tupfen und in dünne Scheiben schneiden.

2. Die Zitronen und Limetten heiß abwaschen, trocknen und halbieren. Jeweils eine Zitronen- und eine Limettenhälfte auspressen und den Rest in dünne Scheiben schneiden. Zusammen mit dem Lachs dekorativ auf Tellern anrichten.

3. Den grünen Pfeffer in ein kleines Sieb geben und mit Wasser abbrausen. Etwas abtropfen lassen und auf dem Lachs verteilen.

4. Die Avocado schälen und halbieren. Den Kern entfernen und das Fruchtfleisch in kleine Würfel schneiden.

5. Den Schnittlauch waschen und in Röllchen schneiden. Die Avocado und den Schnittlauch über den Lachs streuen.

6. Den Saft der Zitrusfrüchte mit dem Öl und dem Honig verrühren. Mit Salz und Pfeffer abschmecken. Über das Lachs-Carpaccio träufeln und servieren.

Achtung!

Das Lachsfilet sollte unbedingt ganz frisch sein.

Lachs-Tatar
mit Gurke

Zutaten:

300 g frisches Lachsfilet,
  küchenfertig
1 Schalotte
½ Salatgurke
abgeriebene Schale und
  Saft von ½ Limette,
  unbehandelt

2 EL Traubenkernöl
Meersalz
Pfeffer, frisch
  gemahlen

Zum Garnieren:
1 Stängel frischer Dill

Zubereitung:

1. Den Lachs waschen, trocken tupfen und in kleine Würfel schneiden. Die Schalotte abziehen und ebenfalls fein würfeln. Die Gurke schälen, der Länge nach halbieren und die Kerne entfernen.

2. Zum Garnieren einige Streifen von der Gurkenschale mit einem Sparschäler abziehen und den Rest klein würfeln.

3. Die Limette heiß abwaschen und trocknen. Die Schale abreiben und den Saft auspressen.

4. Den Lachs mit der Schalotte, der gewürfelten Gurke, dem Saft und der Schale der Limette sowie dem Öl vermischen. Mit Salz und Pfeffer abschmecken.

5. Das Tatar in kleine Förmchen füllen, etwas andrücken und auf einen Teller stürzen. Das geformte Tatar in Schälchen legen.

6. Den Dill waschen und trocknen. Die Zweige von den Stängeln zupfen. Das Tatar mit den Gurkenstreifen und dem Dill garniert servieren.

Interessant!

Der Lachs ist einer der am meisten geschätzten Speisefische – zu Recht, denn er ist reich an gesundheitsfördernden Inhaltsstoffen, wie Omega-3-Fettsäuren, Vitaminen und Mineralstoffen. Der Pro-Kopf-Verbrauch liegt in Deutschland bei knapp 16 Kilogramm im Jahr!

Lachs-Mousse
auf Avocadocreme

Zutaten:

2 Avocados
4 Frühlingszwiebeln
100 g Crème fraîche

1–2 TL Meerrettich
1–2 TL Zitronensaft
150 g Räucherlachs

50 ml Schlagsahne
rosa Pfefferbeeren
Salz, Pfeffer

Zubereitung:

1. Die Avocados schälen, halbieren und den Kern entfernen. Das Fruchtfleisch mit einer Gabel fein zerdrücken.

2. Die Frühlingszwiebeln waschen, putzen und fein hacken. Mit ca. 80 g Crème fraîche und dem Meerrettich unter die Avocado mischen. Mit Zitronensaft, Salz und Pfeffer abschmecken und auf Schüsseln verteilen.

3. Den Lachs fein hacken. Die Sahne steif schlagen. Den Lachs mit der restlichen Crème fraîche vermischen und die Schlagsahne unterziehen. Mit Salz, Pfeffer und Zitronensaft abschmecken. Von der Mousse Nocken abstechen und auf die Avocadocreme setzen.

4. Den rosa Pfeffer zerreiben. Die Lachsnocken damit bestreuen und servieren.

Bruschetta mit Avocado
und *Kalahari-Trüffel*

Zutaten:

8 Scheiben Ciabatta
3 – 4 EL Olivenöl
2 Avocados
2 EL Zitronensaft
80 g Kalahari-Trüffel

1 Knoblauchzehe
1 EL Kresse
Salz, Pfeffer

Zubereitung:

1. Die Ciabatta-Scheiben mit etwas Öl beträufeln und in einer heißen Grillpfanne goldbraun anrösten.

2. Die Avocados schälen und halbieren. Die Kerne entfernen und das Fruchtfleisch in dünne Spalten schneiden. Mit dem Zitronensaft und 2 EL Öl beträufeln und salzen.

3. Die Trüffel gründlich putzen und in Scheiben schneiden. Im restlichen Öl kurz anbraten, salzen und pfeffern.

4. Die Knoblauchzehe schälen und halbieren. Die Brotscheiben mit den Schnittflächen des Knoblauchs einreiben und darauf die Avocadoscheiben verteilen. Mit den Trüffelscheiben belegen und mit Kresse garniert servieren.

Der Trüffel aus der Wüste

Kalahari-Trüffel werden von März bis Juni in der Kalahari-Wüste in Namibia geerntet. Da diese Trüffel sehr groß werden, sind sie wesentlich preisgünstiger als Trüffel aus Frankreich oder Italien. Ihr Geschmack ist allerdings weniger intensiv.

Thunfisch-Dip

Zutaten:

300 g Thunfisch,
  im eigenen Saft (Dose)
1 Knoblauchzehe
50 g Mayonnaise
2 – 3 EL saure Sahne
etwas Zitronensaft
Cayennepfeffer
Paprikapulver, edelsüß
Salz

Zubereitung:

1. Den Thunfisch gut abtropfen lassen und in eine Schüssel geben. Mit einer Gabel zerpflücken.

2. Den Knoblauch abziehen und fein hacken. Mit der Mayonnaise und der sauren Sahne unter den Thunfisch mischen. Mit Salz, Zitronensaft und Cayennepfeffer abschmecken. In Schälchen füllen und mit Paprikapulver bestreut servieren.

3. Nach Belieben mit etwas Petersilie oder geschnittenen Lauchzwiebeln garnieren.

Tipp

Thunfisch-Dip passt gut zu *Crudités*. Damit wird in Frankreich eine Vorspeise aus verschiedenen Gemüsesorten wie Möhren, Paprika, Gurken, Fenchel oder Staudensellerie bezeichnet. Das Gemüse wird in mundgerechte Streifen geschnitten und auf einem Servierteller angerichtet. Dazu reicht man einen Dip oder eine selbst gemachte Knoblauchmayonnaise, die *Aioli* (siehe unten).

Aioli – Selbst gemachte Knoblauchmayonnaise

Zutaten:

1 Eigelb
1 TL mittelscharfer Senf
etwas Zitronensaft

150 ml Olivenöl
2 Knoblauchzehen
Salz, Pfeffer

Zubereitung:

Alle Zutaten sollten vor der Verarbeitung gut gekühlt sein!

1. Das Eigelb, den Senf und den Zitronensaft in ein hohes, sauberes Rührgefäß geben. Etwas Salz und Pfeffer dazugeben.

2. Alles behutsam und langsam mit dem Handrührgerät verrühren. Dabei etwas Öl in einem dünnen Strahl angießen. Wenn die Mischung zu emulgieren beginnt, das restliche Öl weiterhin langsam angießen.

3. Die Knoblauchzehen abziehen und zerdrücken. Unter die fertige Mayonnaise rühren.

Crostini mit Ackerbohnen
und Rucola

Zutaten:

300 g Ackerbohnen, enthäutet (frisch oder tiefgekühlt)
2 Knoblauchzehen
1 EL weißer Balsamico-Essig
1−2 EL Zitronensaft

1 TL Honig
1 Handvoll Rucola
4 Scheiben Ciabatta
2−3 EL Olivenöl
Parmesan, frisch gehobelt
Salz, Pfeffer

Zubereitung:

1. Die Bohnen in ca. 6 Minuten gar kochen. Anschließend abgießen und gut abtropfen lassen.

2. Den Backofen auf Grilltemperatur vorheizen.

3. Den Knoblauch abziehen und fein hacken. Mit dem Balsamico-Essig, dem Zitronensaft und dem Honig unter die noch heißen Bohnen mischen. Abkühlen lassen, bis die Bohnen lauwarm sind.

4. Den Rucola waschen, putzen und trocknen. In kleine Stücke zupfen.

5. Die Brotscheiben im Backofen unter dem Grill auf beiden Seiten je 1−2 Minuten goldbraun rösten.

6. Das Öl und den Rucola unter die Bohnen mischen und mit Salz und Pfeffer abschmecken. Auf den gerösteten Broten verteilen und mit Parmesan garniert servieren.

Interessant!

Die Ackerbohne wird auch Feldbohne, Saubohne oder Dicke Bohne genannt und stammt ursprünglich aus dem Mittelmeerraum. Sie wurde durch die aus Amerika importierte Gartenbohne und die Feuerbohne verdrängt. Diese sind besser zum Trocknen geeignet als die Ackerbohne, da sie getrocknet Bitterstoffe entwickelt.

Crostini mit Olivencreme

Zutaten:

200 g schwarze Oliven,
   entsteint
2 Sardellenfilets
2 Knoblauchzehen

ca. 100 ml Olivenöl
etwas Zitronensaft
8 Scheiben Ciabatta
Salz, Pfeffer

Zubereitung:

1. Die Oliven und die Sardellenfilets klein schneiden.

2. Den Knoblauch schälen und in Scheiben schneiden. Mit dem Öl in einem kleinen Topf erhitzen und langsam leicht anbräunen. Anschließend durch ein Sieb streichen und abkühlen lassen.

3. Die Oliven mit den Sardellen im Mörser zerstoßen.

4. Dabei das Knoblauchöl einfließen lassen, bis eine grobe Paste entstanden ist. Mit Salz, Pfeffer und Zitronensaft abschmecken.

5. Die Brotscheiben goldbraun rösten, darauf die Olivencreme streichen und servieren.

Hummus –
Kichererbsenpaste

Zutaten:

250 g getrocknete
  Kichererbsen
3 Knoblauchzehen
50 g Tahina (Sesampaste)
2 – 3 EL Zitronensaft
¼ TL Kreuzkümmel

4 EL Olivenöl
Petersilie
schwarze Oliven
Salz

Zubereitung:

1. Die Kichererbsen über Nacht einweichen. In einem Topf mit Wasser bedeckt ca. 40 Minuten weich kochen. Anschließend in ein Sieb schütten und unter kaltem Wasser abspülen.

2. Die Kichererbsen mit dem Pürierstab fein pürieren. Die Knoblauchzehen abziehen, hacken und mit etwas Salz im Mörser fein zerreiben.

3. Den Knoblauch zu den Kichererbsen geben und mit Tahina, Zitronensaft, Kreuzkümmel und 2 – 3 EL Öl verrühren. Mit Salz abschmecken und abkühlen lassen.

4. Den Hummus in Schälchen füllen und mit dem restlichen Öl beträufeln.

5. Die Petersilie hacken und den Hummus damit bestreuen. Mit Oliven garniert servieren.

Bitte einplanen:

Die Kichererbsen müssen über Nacht eingeweicht werden.

Tahina

Diese Paste aus fein gemahlenen Sesamsamen ist in gut sortierten Supermärkten und türkischen Feinkostgeschäften erhältlich. Aufgrund ihres hohen Vitamin- und Kalziumgehalts ist Tahina vor allem bei Vegetariern und Veganern beliebt.

Variante:

Ciabatta
mit Paprika-*Hummus*

Zutaten:

400 g Kichererbsen (Dose)
1 Knoblauchzehe
2 EL Tahina (Glas)
1–2 EL Zitronensaft
1 TL Paprikapulver, edelsüß
½ TL Kreuzkümmel,
   gemahlen

4 – 5 EL Olivenöl
8 Scheiben Ciabatta
Parmesan, gehobelt
einige Kirschtomaten
Salz

Zubereitung:

1. Die Kichererbsen in ein Sieb abgießen und unter kaltem Wasser abbrausen. Mit dem Pürierstab fein pürieren.

2. Die Knoblauchzehe abziehen, hacken und mit etwas Salz fein zerreiben. Zu den Kichererbsen geben und mit der Tahina, dem Zitronensaft, dem Paprikapulver, dem Kreuzkümmel und dem Öl zu einer Creme verrühren. Nach Bedarf mit etwas kaltem Wasser verdünnen. Mit Salz abschmecken.

3. Vor dem Servieren die Ciabattascheiben auf einer Grillpfanne von beiden Seiten 4 – 5 Minuten anrösten.

4. Den Hummus auf dem gerösteten Brot verteilen und mit Parmesan garnieren. Nach Belieben mit Kirschtomaten servieren.

Hummus mit Roter Bete

Quark-Dip mit Knoblauch

Kräuteraufstrich

Hummus mit Roter Bete

Zutaten:

400 g Kichererbsen (Dose)
1 Knoblauchzehe
100 g Rote Bete, gegart
4 EL Olivenöl
2 EL frischer Koriander,
   gehackt
125 g Naturjoghurt
Pfeffer, frisch gemahlen
etwas Zitronensaft
Salz

Zubereitung:

1. Die Kichererbsen in ein Sieb schütten, abbrausen und gut abtropfen lassen.

2. Den Knoblauch abziehen und fein hacken. Die Rote Bete in kleine Würfel schneiden und mit den Kichererbsen, dem Knoblauch und den restlichen Zutaten in einem Mixer fein pürieren.

3. Mit Salz, Pfeffer und Zitronensaft abschmecken und in Gläser gefüllt servieren.

Quark-Dip mit Knoblauch

Zutaten:

2 Knoblauchzehen
¼ Bund Schnittlauch
250 g Magerquark
2 EL Crème fraîche
100 g Naturjoghurt
Pfeffer, frisch gemahlen
Salz

Zubereitung:

1. Den Knoblauch abziehen und durch die Knoblauch-presse drücken.

2. Den Schnittlauch waschen, trocken schütteln und in feine Röllchen schneiden.

3. Den Quark mit der Crème fraîche und dem Joghurt verrühren, den Knoblauch und den Schnittlauch untermischen und mit Salz und Pfeffer abschmecken.

4. Nach Belieben mit Schnittlauchröllchen bestreuen und in Gläsern angerichtet servieren.

Kräuteraufstrich

Zutaten:

40 g frischer Blattspinat
½ Bund glatte Petersilie
½ Bund Basilikum
2 Stängel Zitronenthymian
1 Knoblauchzehe
2 EL Parmesan, frisch gerieben
1 EL Pinienkerne, geröstet
3 EL Olivenöl
250 g Schmand
2 EL Crème fraîche
etwas Zitronensaft
Pfeffer, frisch gemahlen
Salz

Zubereitung:

1. Den Spinat waschen, verlesen, putzen und kurz aufkochen, bis er zusammengefallen ist. Dann abgießen, kalt abschrecken, ausdrücken und hacken.

2. Die Kräuter ebenfalls waschen, trocken schütteln und die Blättchen abzupfen. Den Knoblauch schä-len, fein hacken und mit den Kräutern, dem Parme-san, dem Spinat und den Pinienkernen im Mixer fein pürieren.

3. Das Öl, den Schmand und die Crème fraîche unterrühren. Mit Salz und Pfeffer würzen und mit Zitronensaft abschmecken.

Falafel mit Joghurt-Dip

Zutaten:

500 g Kichererbsen
  (Dose)
1 Zwiebel
1 Knoblauchzehe
½ Bund Petersilie
1 Msp. Kreuzkümmel
Meersalz
Cayennepfeffer
4 – 5 EL Weißbrotbrösel
2 – 3 EL Sesam

Für den Joghurt-Dip:
1 Zitrone, unbehandelt
2 EL Minze, gehackt
250 g Joghurt

Außerdem:
Öl zum Ausbacken

Zubereitung:

1. Die Kichererbsen in ein Sieb abgießen und gut abtropfen lassen. Die Zwiebel abziehen und fein würfeln. Den Knoblauch abziehen und fein hacken. Die Petersilie waschen und trocken schütteln. Die Blättchen abzupfen und fein hacken.

2. Die Kichererbsen pürieren. Die Zwiebel, den Knoblauch und die Petersilie unterrühren. Mit Kreuzkümmel, Salz und Cayennepfeffer würzen. Die Weißbrotbrösel unterkneten und mit angefeuchteten Händen walnussgroße Bällchen formen. Dabei etwas Sesam mit einrollen.

3. Die Bällchen portionsweise in heißem Öl 3 – 4 Minuten goldbraun ausbacken. Auf Küchenkrepp abtropfen lassen.

4. Für den Dip die Schale der Zitrone abreiben und den Saft auspressen. Die Minze waschen, trocknen und hacken. Alles zum Joghurt geben und verrühren. Den Dip zu den Bällchen reichen und alles mit etwas Meersalz bestreut servieren.

Falafel

Die Idee, aus Kichererbsen kleine Frikadellen herzustellen, geht vermutlich auf die koptischen Christen in Ägypten zurück, die sie als fleischloses Gericht für die Fastenzeit zubereiteten. Heute ist die Falafel im ganzen Nahen Osten und in Nordafrika verbreitet. Dazu wird gerne gebratenes Gemüse gereicht. Die Bällchen können auch zusammen mit Gemüse und Joghurt-Dip in einem Stück Fladenbrot serviert werden.

Pizza mit Grillgemüse

Zutaten:

Für den Hefeteig:
ca. 400 g Weizen-
    mehl
½ Würfel
    Frischhefe
1 TL Zucker
4 EL Olivenöl
1 TL Salz

Für den Belag:
2 Auberginen
2 Zucchini
1 grüne Paprika
1 gelbe Paprika
300 g Pizza-
    tomaten (Dose)
150 g schwarze
    Oliven, entsteint

1 TL Oregano,
    getrocknet
150 g Käse
    (z.B. Gouda),
    gerieben
1 Handvoll Rucola
Salz, Pfeffer

Bitte einplanen:

Der Hefeteig muss
1 Stunde gehen.

Zubereitung:

1. Für den Teig das Mehl in eine Schüssel sieben, eine Mulde hineindrücken und die Hefe hineinbröckeln. Den Zucker sowie 100 ml lauwarmes Wasser dazugeben. Mit einem kleinen Teil des Mehls zu einem Vorteig verrühren und 15 Minuten ruhen lassen.

2. Dann weitere 100 ml lauwarmes Wasser, das Olivenöl und das Salz hinzufügen. Alles zu einem geschmeidigen Teig verkneten und zugedeckt an einem warmen Ort ca. 1 Stunde gehen lassen.

3. Den Backofen auf 240 °C vorheizen. Die Auberginen waschen, putzen und in Scheiben schneiden. Salzen und ca. 10 Minuten Wasser ziehen lassen. Anschließend trocken tupfen. Die Zucchini waschen, putzen und ebenfalls in Scheiben schneiden. Die Paprika waschen, halbieren, putzen und in Streifen schneiden. Das Gemüse auf einer Grillpfanne 4 – 5 Minuten grillen, bis es dunkle Streifen bekommen hat. Von der Pfanne nehmen und mit Salz und Pfeffer würzen.

4. Aus dem Teig 4 Kugeln formen. Auf einer bemehlten Arbeitsfläche zu runden Fladen von ca. 22 cm Ø ausrollen, dabei einen etwas

dickeren Rand lassen. Zwei Backbleche mit Backpapier auslegen und die Fladen darauflegen.

5. Die Pizzatomaten mit Salz und Pfeffer würzen und auf den Fladen verstreichen, dabei den Rand freilassen. Mit dem Gemüse belegen, die Oliven daraufgeben und mit dem Oregano und dem Käse bestreuen. Im Backofen 10 – 15 Minuten goldbraun backen. Mit Rucola garniert servieren.

Pane Carasau
mit Paprika, Oliven und Mozzarella

Zutaten:

12 g Frischhefe
150 g Weizenmehl
1 Prise Zucker
40 g Weizengrieß
1 rote Paprika
1 gelbe Paprika
1 grüne Paprika
200 g schwarze
   Oliven, entsteint

Olivenöl
350 g Mozza-
   rella
Oregano,
   getrocknet
Pfeffer, frisch
   gemahlen
Salz

Bitte einplanen:

Der Hefeteig muss
2 Stunden gehen.

Zubereitung:

1. Die Hefe in 150 ml lauwarmem Wasser auflösen. Mit dem Mehl, dem Zucker, 1 TL Salz und dem Grieß zu einem relativ weichen Hefeteig verarbeiten. Zugedeckt an einem warmen Ort ca. 2 Stunden gehen lassen.

2. Den Backofen auf Grilltemperatur vorheizen. Ein Backblech mit Backpapier auslegen. Die Paprika waschen, halbieren, putzen und mit der Haut nach oben auf das Backblech legen. Unter dem Grill 5 – 7 Minuten grillen. Aus dem Ofen nehmen und mit einem feuchten Tuch abgedeckt auskühlen lassen. Anschließend in Streifen schneiden.

3. Das Backblech wieder in den Backofen schieben und die Temperatur auf 240 °C einstellen. Den Teig auf einer bemehlten Arbeitsfläche nochmals durchkneten, dabei nach Bedarf noch etwas Mehl einarbeiten. Den Teig in 4 Portionen teilen und diese zu großen, dünnen Fladen ausrollen. Einen Bogen Backpapier auf das Blech legen und die Fladen darauflegen. Im Backofen 1 – 2 Minuten backen.

4. Die Fladen aus dem Ofen nehmen und horizontal halbieren. Die Fladen mit der angeschnittenen Fläche nach unten erneut auf das Backblech legen. Die Ofentemperatur auf 200 °C reduzieren.

5. Die Fladen jeweils mit etwas Olivenöl beträufeln. Die Paprikastreifen und die Oliven darauf verteilen. Den Mozzarella in Stücke zerpflücken und auf den Fladen verteilen. Mit Oregano bestreuen und mit Salz und Pfeffer würzen. Im Backofen nach und nach in weiteren 5 – 10 Minuten knusprig backen.

Focaccia mit Oliven
und Rosmarin

Zutaten:

400 g Weizenmehl
½ Würfel Frischhefe
50 ml Olivenöl
200 g schwarze Oliven,
   entsteint

3 EL Rosmarin, grob gehackt
1 TL Zitronenschale,
   unbehandelt
grobes Meersalz
Salz

Zubereitung:

1. Die Hefe mit ca. 200 ml lauwarmem Wasser verrühren. Das Mehl mit ½ TL Salz in einer Schüssel vermischen. Die aufgelöste Hefe mit 2 EL Olivenöl dazugeben und alles mit den Knethaken des elektrischen Handrührgeräts zu einem geschmeidigen Teig verkneten. Zugedeckt an einem warmen Ort ca. 45 Minuten gehen lassen.

2. Den Backofen auf 220 °C vorheizen. Den Hefeteig auf einer bemehlten Arbeitsfläche nochmals gut durchkneten und 4 Fladen (ca. 1,5 cm dick) ausrollen.

3. Ein Backblech mit Backpapier auslegen. Die Fladen darauflegen. In die Oberfläche die Oliven hineindrücken und mit dem Rosmarin und der Zitronenschale bestreuen. Mit 1 EL Olivenöl beträufeln und mit Meersalz bestreuen. Nochmals ca. 15 Minuten gehen lassen.

4. Anschließend im Backofen 25 – 30 Minuten goldbraun backen. Vom Blech nehmen und auskühlen lassen.

Bitte einplanen:

Der Hefeteig muss 1 Stunde gehen.

Interessant!

Die Focaccia kommt ursprünglich aus Ligurien und gilt als Vorgänger der Pizza. Ihr Name geht auf das römische *panis focacius* (von lat. *focus* für „Herd") zurück. Focaccia wird in Italien nicht als Beilage, sondern als Zwischenmahlzeit gegessen, häufig sogar schon zum Frühstück.

Caponata mit Rosinen
und Pinienkernen

Zutaten:

2 Auberginen	50 g grüne Oliven, entsteint
2 gelbe Paprika	
1 Stange Stauden-sellerie	2 EL Pinienkerne
2 Zwiebeln	1 TL Kapern
6 Tomaten	2 – 3 EL weißer Balsamico-Essig
2 EL Olivenöl	1 – 2 TL Zucker
Cayennepfeffer	Salz
20 g Rosinen	

Zubereitung:

1. Das Gemüse waschen und putzen. Die Auberginen grob würfeln, die Paprika in Stücke schneiden, den Sellerie in Scheiben schneiden. Etwas Selleriegrün zum Garnieren beiseitelegen. Die Zwiebeln abziehen und in Stücke schneiden. Die Tomaten heiß überbrühen, abschrecken, häuten, vierteln, den Strunk entfernen und entkernen.

2. Zuerst die Auberginen im heißen Öl leicht bräunen, dann die Paprika, die Zwiebeln und den Sellerie dazugeben. Mit Salz und Cayennepfeffer würzen und zugedeckt unter gelegentlichem Rühren ca. 10 Minuten schmoren lassen. Das Gemüse sollte noch etwas Biss haben.

3. Die Tomaten, die Oliven, die Rosinen, die Pinienkerne und die fein gehackten Kapern zugeben. Das Gemüse ca. 5 Minuten ohne Deckel ziehen lassen und mit Balsamico-Essig, Salz, Zucker und Cayennepfeffer süß-sauer abschmecken. Mit Selleriegrün garniert servieren.

Interessant!

Der Name *Caponata* geht wahrscheinlich auf „*capone*" zurück, ein in einigen Gegenden Siziliens besonders geschätzter Speisefisch mit relativ trockenem Fleisch, der mit einer süß-sauren Soße zubereitet wird. Die einfache Bevölkerung, die sich diesen teuren Fisch nicht leisten konnte, ersetzte sein Fleisch durch Auberginen.

Variante:

Caponata-Mozzarella-
Sandwich

Zutaten:

1 Aubergine	1 EL Rosinen
1 rote Paprika	1 EL Kapern
1 Zwiebel	1–2 EL Zitronensaft
1 Knoblauchzehe	1–2 TL Honig
2 Tomaten	1 Ciabatta
2 EL Olivenöl	120 g Mozzarella
50 g grüne Oliven, entsteint	Salz, Pfeffer

Zubereitung:

1. Das Gemüse waschen und putzen. Die Aubergine in kleine Würfel schneiden. Die Paprikaschote in Stücke schneiden. Die Zwiebel und den Knoblauch abziehen. Die Zwiebel fein würfeln, den Knoblauch fein hacken. Die Tomaten heiß überbrühen, abschrecken, häuten, vierteln, den Strunk entfernen und entkernen.

2. Zuerst die Auberginenwürfel im heißen Öl leicht bräunen, dann die Paprika, die Zwiebel und den Knoblauch hinzufügen. Mit Salz und Pfeffer würzen und zugedeckt unter gelegentlichem Rühren ca. 10 Minuten schmoren lassen. Das Gemüse sollte noch etwas Biss haben.

3. Die Oliven grob hacken. Mit den Tomaten, den Rosinen und den Kapern hinzugeben. Weitere 5 Minuten ohne Deckel ziehen lassen und mit Zitronensaft, Honig, Salz und Pfeffer süß-sauer abschmecken.

4. Den Ofen auf Grilltemperatur vorheizen. Die Ciabatta in Stücke von passender Größe schneiden und jeweils halbieren. Mit den Schnittflächen nach oben auf ein Backblech legen und unter dem Grill 4–5 Minuten goldbraun rösten. Aus dem Ofen nehmen und leicht abkühlen lassen.

5. Den Mozzarella abtropfen lassen und in Scheiben schneiden. Die untere Hälfte mit dem Mozzarella und der Caponata belegen, die obere Hälfte darauflegen und servieren.

Omelett mit Spinat, Erbsen und Trüffel

Zutaten:

200 g Spinat	60 g Weizenmehl
200 g Erbsen	50 ml Milch
1 Knoblauchzehe	Trüffel, frisch
4 – 5 EL Olivenöl	gehobelt
4 Eier	Salz, Pfeffer

Zubereitung:

1. Den Spinat waschen, trocken schütteln, putzen und in Salzwasser kurz blanchieren. Abschrecken, ausdrücken und grob hacken. Die Erbsen abbrausen.

2. Den Knoblauch abziehen und fein hacken. In 2 EL heißem Öl anschwitzen. Die Erbsen und den Spinat dazugeben, im Knoblauchöl erhitzen und wieder vom Herd nehmen. Mit Salz und Pfeffer abschmecken.

3. Die Eier trennen und das Eiweiß mit einer Prise Salz steif schlagen. Die Eigelbe mit dem Mehl und der Milch glatt rühren und den Eischnee unterziehen. Etwas Öl in eine heiße Pfanne geben und nacheinander 4 Omeletts ausbacken. Hierzu ¼ der Masse in die Pfanne (evtl. mit 2 Pfannen arbeiten) geben und bei niedriger Hitze 3 – 4 Minuten stocken lassen, bis sie goldbraun sind.

4. Aus der Pfanne nehmen und mit dem Gemüse füllen. Zusammenklappen und mit gehobeltem Trüffel garniert servieren.

Frittata
mit grünem Spargel

Zutaten:

1 kg grüner Spargel
8 Eier
2 EL frischer Majoran
100 ml Schlagsahne
Muskat, frisch gerieben

50 g Parmesan,
   frisch gehobelt
Pfeffer, frisch
   gemahlen
Salz

Zubereitung:

1. Den Ofen auf 180 °C vorheizen.

2. Das untere Drittel des Spargels abschälen, die holzigen Enden abschneiden und die Spargelstangen der Länge nach halbieren.

3. Den Spargel in Salzwasser ca. 5 Minuten bissfest kochen. Abschrecken und gut abtropfen lassen. Eine Backform mit Backpapier ausschlagen, den Spargel hineingeben.

4. Den Majoran waschen und fein hacken. Die Eier mit dem Majoran und der Sahne verquirlen. Salzen, pfeffern und mit Muskat würzen.

5. Die Eiermasse über den Spargel gießen und mit dem Parmesan bestreuen. Im Ofen ca. 30 Minuten goldbraun backen. In Stücke geschnitten servieren.

Gazpacho

Zutaten:

1 Scheibe Toastbrot oder Weißbrot
1 Zwiebel
2 Knoblauchzehen
4 Tomaten
1 Salatgurke
1 rote Paprika
1 gelbe Paprika

1–2 EL Sherry-Essig
1–2 EL Olivenöl
Cayennepfeffer
Salz

Zum Garnieren:
einige Basilikum- und Petersilienblätter

Zubereitung:

1. Die Rinde des Toastbrots entfernen. Das Toastbrot in etwas Wasser einweichen. Die Zwiebel und den Knoblauch abziehen. Die Zwiebel fein würfeln, den Knoblauch fein hacken.

2. Die Tomaten kreuzweise einritzen und in einer Schüssel mit kochendem Wasser übergießen, kalt abschrecken, häuten, vierteln, entkernen und dabei die Stielansätze entfernen. Die Salatgurke schälen, längs halbieren und entkernen. Die Paprikaschoten schälen, halbieren und putzen.

3. Jeweils knapp ¼ der Gurke, der Paprika und der Tomaten für die Suppeneinlage in kleine Würfel schneiden. Den Rest in grobe Stücke schneiden und im Mixer pürieren. Das Weißbrot ausdrücken, mit der Zwiebel sowie dem Knoblauch hinzufügen und alles pürieren. Bis zur gewünschten Konsistenz ca. 250 ml kaltes Wasser einrühren. Den Essig, das Olivenöl, etwas Salz und Cayennepfeffer hinzugeben und verrühren.

4. Die Suppe abgedeckt mindestens 30 Minuten kühl stellen. Anschließend abschmecken, in Gläsern oder Schüsseln anrichten und mit dem gewürfelten Gemüse bestreuen. Mit Basilikum und Petersilie garnieren.

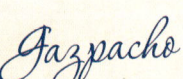

Gazpacho

Diese andalusische Speise wurde früher nur aus Brot, Gurken, Knoblauch, Olivenöl, Essig, Salz und Wasser hergestellt. Die Tomate kam erst viel später als wesentliche Zutat dieser Suppe hinzu.
Gazpacho wird gerne mit frischem Gemüse (Paprika, Gurken, Frühlingszwiebeln) sowie mit gerösteten Brotwürfeln als Suppeneinlage serviert und ist eine schmackhafte Erfrischung an heißen Sommertagen.

Mediterrane
Kohlsuppe

Zutaten:

500 g Weißkohl
1 rote Paprika
1 gelbe Paprika
2 Karotten
250 g grüne Bohnen
2 Stangen Staudensellerie
2 EL Olivenöl
1 TL Wacholderbeeren
1 l Gemüsebrühe
1–2 Stängel Salbei
3–4 Stängel Thymian
Pfeffer, frisch gemahlen
Salz

Zubereitung:

1. Den Kohl waschen, den harten Strunk herausschneiden und die Blätter in breite Streifen schneiden. Die Paprikaschoten waschen, halbieren, putzen und in Stücke schneiden. Die Karotten schälen und leicht schräg in Scheiben schneiden. Die Bohnen waschen, putzen und je nach Größe halbieren oder dritteln. Den Sellerie waschen, putzen und in Scheiben schneiden.

2. Das gesamte Gemüse in heißem Öl 1–2 Minuten anschwitzen. Die zerstoßenen Wacholderbeeren hinzufügen und mit der Brühe ablöschen. Salzen, pfeffern und ca. 20 Minuten gar köcheln lassen. Zum Schluss die Kräuter waschen, trocken schütteln und etwas zerkleinern. Die Suppe abschmecken und in Schüsseln anrichten. Mit den Kräutern bestreuen und servieren.

Italienische
Fischsuppe

Zutaten:

2 Knoblauchzehen
1 rote Chilischote
2 getrocknete
  Peperoncini
500 g festkochende
  Kartoffeln
2 EL Olivenöl

4 Tomaten
200 g Riesengarnelen,
  küchenfertig
400 g Fischfilet,
  z. B. Kabeljau
400 g Miesmuscheln
Salz

Zubereitung:

1. Den Knoblauch schälen und fein hacken. Die Chilischote waschen, putzen und ebenfalls fein hacken. Die Peperoncini zerbröseln und mit dem Chili und dem Knoblauch in einem Topf im heißen Öl kurz anschwitzen.

2. Die Kartoffeln schälen, waschen und in Stücke schneiden. Die Tomaten waschen, den Stielansatz herausschneiden und ebenfalls in Stücke schneiden. Die Kartoffel- und Tomatenstücke mit in den Topf geben und etwa 1 l Wasser angießen. Salzen und ca. 20 Minuten unter gelegentlichem Rühren köcheln lassen.

3. Die Garnelen, den Fisch und die Muscheln abbrausen. Die Muscheln sorgfältig putzen, dabei evtl. den Bart entfernen. Den Fisch und die Garnelen in die Suppe geben.

4. Die Muscheln hinzufügen, die Temperatur reduzieren und die Suppe ca. 10 Minuten gar ziehen lassen. Abschmecken und servieren.

Bohneneintopf mit Rindfleisch und Minze

Zutaten:

500 g Suppen-
fleisch vom Rind
1 Lorbeerblatt
3 Pimentkörner
2 Pfefferkörner
300 g kleine
Kartoffeln,
festkochend

300 g Ackerbohnen,
enthäutet (frisch
oder tiefgekühlt)
150 g kleine Karotten
150 g kleine
Schalotten
1 Handvoll Minze
Salz, Pfeffer

Zubereitung:

1. Das Fleisch waschen und trocken tupfen. Mit den Gewürzen und ½ TL Salz in einem Topf mit 1,5 l Wasser zum Kochen bringen und bei mittlerer Hitze ca. 1 Stunde köcheln lassen. Den dabei entstehenden Schaum abschöpfen.

2. In der Zwischenzeit die Kartoffeln gründlich waschen und in kochendem Salzwasser 10 Minuten vorgaren. Abgießen und abtropfen lassen.

3. Die Bohnen waschen und putzen. Die Karotten schälen, die Schalotten abziehen und gegebenenfalls etwas zerkleinern.

4. Die Minze abbrausen, trocken schütteln und die Blättchen von den Stielen zupfen.

5. Das Fleisch aus dem Topf nehmen und den Sud in einen anderen Topf absieben. Das Fleisch in mundgerechte Würfel schneiden. Den Sud zum Kochen bringen. Die Kartoffeln, die Bohnen, die Karotten und die Zwiebeln dazugeben. Mit Salz und Pfeffer abschmecken und bei mittlerer Hitze ca. 15 Minuten köcheln lassen. Die Minze und die Fleischwürfel untermischen und den Eintopf servieren.

Minze

Die Minze ist als Küchen- und Gewürzkraut ein fester Bestandteil der nordafrikanischen Küche. Sie wird nicht nur wegen ihres Geschmacks, sondern auch aufgrund ihrer erfrischenden Wirkung geschätzt. Minze passt sehr gut zu Hülsenfrüchten, aber auch zu Lamm, Rind oder Huhn.

Harira
— Fastensuppe —

Zutaten:

150 g Kichererbsen
400 g Lamm-
  fleisch, z.B. aus
  der Schulter
1 Zwiebel
2 Knoblauchzehen

2 EL Olivenöl
1 l Lammfond
1 rote Chilischote
120 g rote Linsen
250 g Tomaten in
  Stücken (Dose)

1–2 TL Harissa
½ TL Zimt,
  gemahlen
2 EL frischer
  Koriander
Salz, Pfeffer

Bitte einplanen:

Die Kichererbsen müssen über Nacht eingeweicht werden. Die Garzeit beträgt 2,5 Stunden.

Zubereitung:

1. Die Kichererbsen über Nacht mit Wasser bedeckt einweichen.

2. Das Lammfleisch abbrausen, trocken tupfen und in Streifen schneiden. Die Zwiebel und den Knoblauch abziehen und fein würfeln.

3. Die Kichererbsen in ein Sieb schütten und abtropfen lassen. Das Fleisch im heißen Öl in einem Topf bräunen. Die Zwiebel und den Knoblauch kurz mitschwitzen. Die Kichererbsen dazugeben und den Fond angießen. Zugedeckt ca. 2 Stunden leise schmoren lassen. Nach Bedarf noch etwas Fond hinzufügen.

4. Die Chilischote waschen, putzen und fein hacken. Die Linsen in einem Sieb abbrausen und zusammen mit der Chili, den Tomaten, dem Harissa und dem Zimt in den Topf geben und ca. 15 Minuten mitgaren lassen. Anschließend den Reis untermengen und ca. 20 Minuten bei geöffnetem Topf gar köcheln lassen.

5. Den Koriander waschen, trocken schütteln und hacken. In die Suppe geben und mit Salz und Pfeffer abschmecken. In Schüsseln anrichten und servieren.

Ramadansuppe

Harira ist in Nordafrika, besonders in Marokko, sehr verbreitet. In der Zeit des Ramadan ist diese würzige Spezialität häufig die erste Speise, die nach Sonnenuntergang gegessen wird. Meist werden dazu noch etwas Zitrone und gekochte Eier gereicht.

Linsensuppe
mit Tomaten

Zutaten:

250 g rote oder
   Tellerlinsen
1 Stangensellerie
2 Karotten
1 Zwiebel
1 Knoblauchzehe
2 EL Olivenöl

1 EL Tomatenmark
600 ml Gemüsebrühe
400 g Tomaten in
   Stücken (Dose)
1 Lorbeerblatt
etwas Zitronensaft
Salz, Pfeffer

Zubereitung:

1. Die Linsen heiß waschen und in einem Sieb abtropfen lassen. Den Sellerie waschen, putzen und in kleine Würfel schneiden. Die Karotten schälen und ebenfalls klein würfeln. Die Zwiebel und den Knoblauch abziehen. Die Zwiebel fein würfeln, den Knoblauch fein hacken. Beides mit dem Sellerie und den Karotten in heißem Öl 1–2 Minuten anschwitzen. Das Tomatenmark einrühren und mit der Gemüsebrühe ablöschen.

2. Die Tomaten, das Lorbeerblatt und die Linsen untermischen und unter gelegentlichem Rühren ca. 20 Minuten leicht köcheln lassen (rote Linsen sind schneller gar). Nach Bedarf noch etwas Brühe angießen. Mit Zitronensaft, Salz und Pfeffer abschmecken und servieren.

Linsen

Diese Hülsenfrucht gibt es in verschiedenen Sorten: Rote und gelbe Linsen sind geschält und haben daher weniger Ballaststoffe. Die ungeschälten Sorten sollten zum schnelleren Garen über Nacht in Wasser eingeweicht werden.

   Die grünen bis braunen Tellerlinsen spielen vor allem in deutschen Linsengerichten eine Rolle, können aber ebenso auf mediterrane Art (mit Tomaten, Knoblauch, mediterranen Küchenkräutern) zubereitet werden.

Ratatouille

Zutaten:

1 Aubergine
1 große Zucchini
1 rote Paprika
1 gelbe Paprika
4 Tomaten
1 Zwiebel
1 Knoblauchzehe

3 – 4 EL Olivenöl
Meersalz
Pfeffer
1 kleiner Strauß Kräuter
  (Thymian, Rosmarin,
  Oregano)

Zubereitung:

1. Das Gemüse waschen und putzen bzw. schälen. Die Aubergine würfeln.

2. Die Zucchini ebenfalls in kleine Würfel schneiden.

3. Die rote und gelbe Paprika und die Tomaten in Stücke schneiden. Die Zwiebel und den Knoblauch abziehen. Die Zwiebel fein würfeln, den Knoblauch fein hacken.

4. Die Zwiebel und den Knoblauch in heißem Öl kurz anschwitzen. Die Auberginen und die Paprika dazugeben und 1–2 Minuten mitbraten. Die Zucchini und die Tomaten untermischen. Mit Salz und Pfeffer würzen. Das Kräutersträußchen einlegen und alles zugedeckt 6 – 8 Minuten schmoren lassen. Nach Bedarf etwas Wasser angießen.

5. Zum Schluss das Sträußchen wieder herausnehmen, das Gemüse abschmecken und servieren.

Gegrillter *Fenchel*

Zutaten:

2 Fenchelknollen
3 – 4 EL Olivenöl
2 EL Petersilie, frisch gehackt
Salz, Pfeffer

Zubereitung:

1. Den Fenchel waschen, halbieren, den harten Strunk etwas ausdünnen, sodass die Blätter noch zusammenhalten. Längs in ca. 5 mm dicke Scheiben schneiden.

2. Die Fenchelscheiben mit etwas Öl bepinseln. Salzen, pfeffern und auf dem heißen Grill oder in einer Grillpfanne unter gelegentlichem Wenden 6 – 8 Minuten grillen.

3. Danach auf eine Platte legen, mit dem restlichen Öl beträufeln und mit Petersilie bestreut servieren.

Kleine Würzidee:

Gegrilltes Gemüse bekommt eine besondere Note, wenn man es mit einem aromatischen groben Würzsalz würzt.

Interessant!

Fenchel galt schon in der Antike als Aphrodisiakum: Er enthält die hormonähnliche Substanz Estragol. Außerdem lindert der Verzehr von Fenchel Blasenbeschwerden und stärkt die Prostata. Den römischen Gladiatoren wie auch den Legionären wurde – wenn möglich – täglich frischer Fenchel verabreicht.

Gebratene Auberginen
mit Feta und Minze

Zutaten:

4 Auberginen
2 Knoblauchzehen
2 – 3 EL Olivenöl
½ Zitrone, unbehandelt
1 EL frische Minze, gehackt
150 g Feta
Salz, Pfeffer

Zubereitung:

1. Die Auberginen waschen, putzen und würfeln. Mit 1 TL Salz vermischen und ca. 10 Minuten ziehen lassen. Anschließend in ein Sieb geben, abbrausen und auf einem Stück Küchenkrepp abtropfen lassen.

2. Den Knoblauch schälen und fein hacken. In heißem Öl kurz anschwitzen. Die Auberginenwürfel dazugeben und 5 – 10 Minuten unter Rühren goldbraun braten.

3. Die Schale der Zitrone abreiben, den Saft auspressen und beides zu den Auberginen geben. Die Minze hinzufügen und alles mit Salz und Pfeffer abschmecken. Den Feta zerbröckeln und über das Gemüse streuen. Auf Tellern anrichten und servieren.

Paros - Naoussa

Griechisches Backofengemüse
mit Feta

Zutaten:

400 g festkochende
  Kartoffeln
300 g grüne Bohnen
250 g Kirschtomaten
1 große Zucchini
3 Zwiebeln

1 EL Rosmarinnadeln
Pfeffer, frisch gemahlen
Olivenöl
150 ml Gemüsebrühe
200 g Feta
Salz

Zubereitung:

1. Den Backofen auf 200 °C vorheizen. Die
   Kartoffeln schälen, waschen und in Spalten
   schneiden. Das restliche Gemüse waschen
   und putzen. Die Bohnen einmal durchschneiden. Die Tomaten halbieren. Die Zucchini der
   Länge nach durchschneiden. Die Zwiebeln
   abziehen und in Spalten schneiden.

2. Das Gemüse mit dem Rosmarin mischen, salzen
   und pfeffern. In eine Auflaufform geben und
   mit Olivenöl beträufeln. Die Brühe angießen,
   alles gut vermischen und ca. 30 Minuten im
   Backofen garen. Dabei gelegentlich umrühren.

3. Den Feta zerbröseln und auf dem fertigen
   Gemüse verteilen. Sofort servieren.

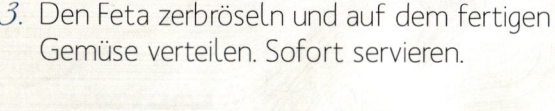

Kräuterkartoffeln
im Schinkenmantel

Zutaten:

1 kg kleine, fest-
  kochende Kartoffeln
40 g frische Kräuter
  (Salbei, Thymian
  und Rosmarin)
Pfeffer, frisch gemahlen

ca. 100 g Schinken, in
  Scheiben geschnitten
  (z.B. Parmaschinken)
2 – 3 EL Olivenöl
Salz

Zubereitung:

1. Die Kartoffeln schälen und in Salzwasser ca.
   20 Minuten fast gar kochen. Den Backofen auf
   180 °C Umluft vorheizen.

2. Die Kräuter waschen, trocken schütteln und abzupfen. Zusammen mit je einer Schinkenscheibe
   um die Kartoffeln wickeln und in eine ofenfeste
   Form legen. Mit Pfeffer würzen und mit Öl beträufeln. Im Backofen 10 – 15 Minuten goldbraun
   backen. Sofort servieren.

Mediterranes *Grillgemüse*

Zutaten:

2 gelbe Zucchini
2 rote Paprika
2 orange Paprika
2 rote Zwiebeln
1 Knoblauchzehe
1 EL Oregano,
  getrocknet
3 – 4 EL Olivenöl
1–2 TL Zitronensaft
Salz, Pfeffer

Zubereitung:

1. Die Zucchini und die Paprika waschen, putzen und in grobe Stücke schneiden. Die Zwiebeln und den Knoblauch abziehen. Die Zwiebeln in Spalten schneiden. Den Knoblauch fein hacken.

2. Die Zwiebeln und den Knoblauch mit dem Oregano und 2 – 3 EL Öl verrühren und mit dem Gemüse vermischen. Mit Salz und Pfeffer würzen und in eine Grillschale geben.

3. Auf dem Grill 10 – 15 Minuten unter regelmäßigem Wenden grillen. Vom Grill nehmen, mit dem restlichen Öl beträufeln und mit Zitronensaft, Salz und Pfeffer abgeschmeckt servieren.

ZUM GRILLEN GEEIGNET

Tipp

Eine köstliche vegetarische Alternative zu gegrilltem Fleisch oder Fisch erhalten Sie, wenn Sie kurz vor Ende der Grillzeit in Stücke geschnittenen Feta mit in die Grillschale legen.

Zucchini in Kräutervinaigrette
mit Ziegenfrischkäse

Zutaten:

1 Handvoll frische
  Kräuter (Zitronen-
  melisse, Basilikum,
  Majoran)
1 Knoblauchzehe
6 – 7 EL Olivenöl

½ Zitrone, unbehandelt
1 gelbe Paprika
2 Zucchini
4 Scheiben Ziegenfrisch-
  käse (à ca. 40 g)
Salz, Pfeffer

Zubereitung:

1. Die Kräuter waschen, trocken schütteln und
abzupfen. Den Knoblauch abziehen. Die Kräuter
mit dem Knoblauch und 4 – 5 EL Olivenöl fein
pürieren. Die Schale der Zitrone abreiben und
den Saft auspressen. Beides dazugeben und mit
Salz abschmecken.

2. Die Paprika und die Zucchini waschen. Die Paprika in kleine Würfel schneiden. Die Zucchini
längs in dünne Scheiben schneiden oder hobeln.
Nach und nach auf einer mit Öl bepinselten
Grillpfanne auf beiden Seiten 2 – 3 Minuten
grillen. Mit Salz und Pfeffer würzen, aus der
Pfanne nehmen und auf Tellern anrichten. Mit
der Vinaigrette beträufeln, darauf jeweils einen
Ziegenfrischkäse legen und mit den Paprika-
würfeln bestreut servieren.

Couscous-Salat
mit Chorizo und Avocado

Zutaten:

200 g Couscous
  (Instant)
1 rote Paprika
1 orange Paprika
1 grüne Paprika
2 rote Zwiebeln
70 g schwarze Oliven
3 EL Olivenöl

2 – 3 EL weißer
  Balsamico-Essig
2 Avocados
1 – 2 EL Zitronensaft
12 Kapernäpfel
grobes Meersalz
400 g Chorizo
Salz

Zubereitung:

1. Den Couscous mit kochendem Wasser überbrühen, etwa 5 Minuten quellen lassen und
   ab und zu mit einer Gabel auflockern.

2. Die Paprika waschen, putzen und in Stücke
   schneiden. Die Zwiebeln abziehen, eine davon
   fein würfeln, die andere längs in dünne Streifen schneiden und beiseitestellen. Die Oliven
   abtropfen lassen und in Scheiben schneiden.

3. Die Paprika, die Zwiebelwürfel und die Oliven
   mit dem Couscous vermischen. Olivenöl und
   Essig hinzufügen und mit Salz abschmecken.

4. Den Backofen auf Grilltemperatur vorheizen.

5. Die Avocados halbieren, den Kern herauslösen
   und das Fruchtfleisch in Spalten schneiden.
   Sofort mit etwas Zitronensaft beträufeln.
   Die Kapernäpfel abtropfen lassen und mit den
   Zwiebelstreifen zu den Avocados geben. Alles
   vermischen und mit dem groben Salz bestreuen.

6. Die Chorizo schräg in Scheiben schneiden, auf
   das Backofengitter legen und im Backofen von
   beiden Seiten ca. 5 Minuten grillen.

7. Zum Servieren die Chorizo mit den Avocados
   und dem Couscous-Salat auf Tellern anrichten.

Couscous

Für die Herstellung von Couscous wird Weizengrieß vorgequollen, anschließend zu kleinen Kügelchen verklumpt und getrocknet.
Er muss bei der Verwendung in der Küche nur
noch im heißen Wasser quellen. Couscous
ist gut als Beilage zu Fleisch- und Gemüse-
gerichten geeignet.

Bulgur-Tomaten-Salat

Zutaten:

250 g Bulgur
2 EL Ajvar (Würzpaste
 aus Paprika)
4 Tomaten
2 EL Olivenöl

1 Handvoll Petersilie,
 frisch gehackt
1–2 EL Zitronensaft
Salz, Pfeffer

Zubereitung:

1. Den Bulgur in eine Schüssel geben und mit 500 ml kochendem Wasser übergießen. Etwa 30 Minuten quellen lassen.

2. Eventuell überschüssiges Wasser durch ein Sieb abgießen. Den Bulgur wieder in die Schüssel geben und mit dem Ajvar vermengen.

3. Die Tomaten waschen, vierteln, den Strunk entfernen, entkernen und klein würfeln. Zusammen mit der Petersilie, dem Öl und dem Zitronensaft unter den Bulgur mischen. Mit Salz und Pfeffer würzen und ca. 30 Minuten ziehen lassen. Vor dem Servieren erneut abschmecken.

Gebratener Chicorée
mit Koriander-Dressing

Zutaten:

Für das Dressing:
1 ½ Orangen
½ Handvoll frischer
  Koriander
30 ml weißer
  Balsamico-Essig
3 EL Walnussöl
1 Chilischote

Für den Salat:
2 Lauchzwiebeln
4 Chicorée
200 g Pekannusskerne
  (oder Walnusskerne)
1 EL Sesamöl
150 g Gorgonzola
Salz, Pfeffer

Zubereitung:

1. Mit einem scharfen Messer die ganze Orange oben und unten abschneiden und schälen. Die weiße Haut komplett entfernen. Die Filets zwischen den Häuten herausschneiden und in eine Schale legen, den Saft der halben Orange auspressen und in eine zweite Schale geben.

2. Den Koriander abbrausen, trocken schütteln, die Blätter abzupfen und zum Orangensaft geben. Mit dem Balsamico-Essig und dem Öl verquirlen. Die Chilischote zerreiben und mit etwas Salz und Pfeffer zum Dressing geben. Die Orangenfilets in die Schale mit dem Dressing legen.

3. Die Lauchzwiebeln waschen, putzen und schräg in feine Ringe schneiden. Den Chicorée waschen und trocknen. Außen einige Blätter abziehen und zur Seite legen. Den Chicorée längs halbieren. Die Pekannüsse in einer beschichten Pfanne ohne Fett leicht anrösten. Herausnehmen und auskühlen lassen.

4. Das Sesamöl in der Pfanne erhitzen und den Chicorée mit der Schnittfläche nach unten hineinlegen. Ca. 2 Minuten braten.

5. Die beiseitegelegten Chicoréeblätter mit den Lauchzwiebelringen und den Pekannüssen auf Tellern anrichten. Den gebratenen Chicorée dazugeben. Den Gorgonzola grob zerbröseln und darüber streuen. Den Salat mit dem Dressing servieren und nach Belieben Weißbrot dazu reichen.

Interessant!

Koriander wird sowohl als Samen als auch als frisches Kraut in der Küche verwendet. Er ist eines der ältesten bekannten Gewürze: Bereits im Grab des ägyptischen Königs Tutanchamun fand man Spuren von Koriander. Auch heute noch ist Koriander ein typisches Gewürz für die Speisen Nordafrikas und des östlichen Mittelmeers.

Brotsalat
mit Schinken

Zutaten:

4 Scheiben Weißbrot,
  vom Vortag
4 – 5 EL Olivenöl
80 g Schinken,
  z. B. Parmaschinken
½ TL Oregano, getrocknet

4 Eiertomaten
2 Salatherzen
1 Knoblauchzehe
3 EL Balsamico-Essig
Salz, Pfeffer

Zubereitung:

1. Das Brot in Würfel schneiden und in 2 – 3 EL heißem Öl ca. 5 Minuten knusprig anrösten. Den Schinken in Streifen schneiden und 2 – 3 Minuten mitbraten. Mit Oregano bestreuen.

2. Die Tomaten waschen und in Scheiben schneiden, dabei den Strunk herausschneiden. Den Salat waschen, putzen, trocken schleudern und in mundgerechte Stücke zupfen.

3. Den Knoblauch abziehen und fein hacken. Alle Zutaten in eine Schüssel geben und mit dem Balsamico-Essig vermischen. Mit Salz und Pfeffer abschmecken. Auf Schüsseln verteilen und mit dem restlichen Öl beträufelt servieren.

Panzanella
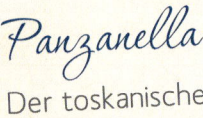

Der toskanische Brotsalat *Panzanella* ist eine gute Verwendungsmöglichkeit von altem Brot. Er stammt aus der einfachen ländlichen Küche der Toskana, wo früher nur einmal pro Woche Brot gebacken wurde. Ursprünglich wurde dieses Gericht aus Brot, Gurken, Zwiebeln, Rucola, Basilikum und Portulak zubereitet – ohne Tomaten, da diese erst ab dem 19. Jahrhundert Italiens Küchen eroberten.

Bohnen-Linsen-Salat
mit Chorizo

Zutaten:

250 g Puy-Linsen
200 g frische Acker-
    bohnen, enthäutet
1 Knoblauchzehe
1 Schalotte
150 g Chorizo

3 EL Petersilie, grob
    gehackt
Pfeffer, frisch
    gemahlen
2 EL Weißweinessig
Salz

Zubereitung:

1. Die Linsen waschen und in kochendem Wasser ca. 25 Minuten garen. Die Bohnen waschen, in Salzwasser ca. 8 Minuten kochen, dann abgießen, kalt abschrecken und gut abtropfen lassen.

2. Den Knoblauch und die Schalotte abziehen und fein hacken. Die Chorizo pellen, in schmale Scheiben schneiden und in einer Pfanne anbraten. Die Schalotte und den Knoblauch dazugeben und kurz mitbraten.

3. Die Linsen abgießen und abtropfen lassen. Mit den Bohnen und der Petersilie in die Pfanne geben und darin schwenken. Mit Salz, Pfeffer und Essig abschmecken. Auf Schälchen verteilen und lauwarm servieren.

Tipp

Falls Sie keine frischen Ackerbohnen bekommen, können Sie auch getrocknete verwenden. Diese müssen dann vor dem Kochen über Nacht in Wasser eingeweicht werden.

Hähnchensalat mit Cashews
und Kichererbsen

Zutaten:

4 Hähnchenbrustfilets
(à ca. 120 g)
400 ml Hühnerbrühe
100 g Cashewkerne
2 Frühlingszwiebeln
350 g Kichererbsen
(Dose)
½ Eisbergsalat

3 – 4 EL Reisessig
1 Prise brauner Zucker
1–2 EL Sojasoße
4 EL Erdnussöl
Salz

Zum Garnieren:
Koriandergrün

Zubereitung:

1. Die Filets waschen und trocken tupfen. Die Brühe aufkochen lassen, das Filet dazugeben und die Temperatur reduzieren. Zugedeckt ca. 10 Minuten gar ziehen lassen. Anschließend aus der Brühe nehmen, abkühlen lassen und in Stücke zerpflücken.

2. Die Nüsse in einer Pfanne ohne Fett goldbraun anrösten und ebenfalls abkühlen lassen.

3. Die Frühlingszwiebeln waschen, putzen und in Ringe schneiden. Die Kichererbsen in ein Sieb schütten, abbrausen und abtropfen lassen. Den Salat waschen, putzen, trocken schleudern und in Streifen schneiden.

4. Den Essig mit dem Zucker, etwas Brühe, der Sojasoße und dem Öl vermischen und mit Salz abschmecken. Alle vorbereiteten Salatzutaten in eine Schüssel geben, mit dem Dressing vermengen und mit Koriandergrün garniert servieren.

Linsensalat
mit Gemüse

Zutaten:

300 g Tellerlinsen
2 Karotten
2 Stangen Stauden-
sellerie
300 g Kohl (Rot-
und Weißkohl)

½ Salatgurke
2 EL Zitronensaft
2 EL Apfelessig
2 EL Pflanzenöl
Salz, Pfeffer

Bitte einplanen:

Die Linsen müssen über
Nacht eingeweicht werden.

Zubereitung:

1. Die Linsen mit Wasser bedeckt über
   Nacht einweichen.

2. Die Karotten schälen und würfeln. Den
   Stangensellerie waschen, putzen und
   ebenfalls würfeln. Den Kohl waschen,
   putzen und klein schneiden.

3. Die Linsen abgießen und erneut mit
   Wasser bedeckt aufkochen lassen.
   Ca. 15 Minuten leicht köcheln lassen.

4. Das vorbereitete Gemüse nach ca. 5 Minuten Kochzeit mit zu den Linsen geben
   und zusammen fertig garen.

5. Die Gurke waschen, eine Hälfte schälen
   und würfeln, die zweite Hälfte in Scheiben schneiden. Das Gemüse mit den
   Linsen vom Herd nehmen, die Gurken
   dazugeben und leicht abkühlen lassen.

6. Den Zitronensaft, den Essig und das Öl
   hinzufügen und mit Salz und Pfeffer abgeschmeckt noch warm servieren.

Fenchel-Apfel-Salat
mit Granatapfelkernen und Käse

Zutaten:

1 Granatapfel	Salz
2 Fenchelknollen	Pfeffer, frisch
2 Äpfel	gemahlen
2 Salatherzen	2 EL Dillspitzen
1 kleiner Radicchio	200 g Tête de Moine,
4 EL Olivenöl	in feine Scheiben
2 EL Zitronensaft	gehobelt

Zubereitung:

1. Den Granatapfel halbieren und die Kerne vorsichtig (Spritzgefahr!) herauslösen.

2. Den Fenchel waschen und putzen, in der Mitte durchschneiden und den harten Strunk herausschneiden. Den Fenchel in feine Streifen schneiden.

3. Die Äpfel waschen, vierteln, vom Kerngehäuse befreien und in schmale Spalten schneiden oder hobeln. Die Salatherzen und den Radicchio waschen, putzen und die Blätter in feine Streifen schneiden.

4. Das Öl mit dem Zitronensaft mischen, salzen und pfeffern. Alle Salatzutaten mit den Dillspitzen und der Vinaigrette in einer Schüssel vermischen und auf Tellern anrichten. Mit dem Tête de Moine garniert servieren.

Tomatensalat
mit Kichererbsen

Zutaten:

800 g Kirschtomaten,
  gelb und rot
200 g Kichererbsen
  (Dose)
100 g grüne Oliven,
  entsteint
1 Handvoll Basilikum

1 Knoblauchzehe
2 EL Pinienkerne
6 EL Olivenöl
4 EL weißer
  Balsamico-Essig
Salz, Pfeffer

Zubereitung:

1. Die Tomaten waschen und halbieren. Die Kichererbsen in ein Sieb schütten, abbrausen und abtropfen lassen.

2. Zusammen mit den Tomaten und den Oliven in eine Schüssel geben.

3. Das Basilikum waschen, trocken schütteln und die Blätter abzupfen. Mit der geschälten Knoblauchzehe und den Pinienkernen im Mörser zerstoßen. Dabei das Öl einfließen lassen und zu einer groben Paste zerreiben. Den Balsamico unterrühren und mit Salz und Pfeffer würzen.

4. Das Pesto zum Salat geben, alles gut vermischen und in Schälchen servieren.

Fenchel-Radicchio-Salat
in Pfannkuchenröllchen

Zutaten:

Für die Pfannkuchen:
75 g Vollkornmehl
50 g Weizenmehl
ca. 250 ml Milch
2 Eier
Salz

Zum Ausbacken:
Butterschmalz

Für den Salat:
1 Fenchelknolle
1 kleiner
   Radicchio
1 Karotte
1 ½ Orangen
2 – 3 EL weißer
   Balsamico-Essig
2 EL Sesamöl

4 EL Pinienkerne
100 g Frischkäse
2 EL Basilikum,
   grob gehackt
Salz, Pfeffer

Zubereitung:

1. Für den Pfannkuchenteig die beiden Mehlsorten mit der Milch und 1 Prise Salz zu einem glatten Teig verrühren. Etwa 20 Minuten ruhen lassen.

2. Für den Salat den Fenchel waschen und putzen. Etwas Fenchelgrün zurückbehalten und klein schneiden. Die Knollen in feine Streifen hobeln. Den Radicchio waschen, putzen und in feine Streifen schneiden. Die Karotte schälen und grob raspeln.

3. Die ganze Orange schälen und die Filets herausschneiden. Den Saft der halben Orange auspressen.

4. Die Orangenfilets mit dem Fenchel, dem Radicchio und der Karotte in eine Schüssel geben. Mit dem Orangensaft, dem Essig, dem Öl, Salz und Pfeffer vermischen und ca. 15 Minuten ziehen lassen.

5. Die Pinienkerne in einer Pfanne goldbraun anrösten. Aus der Pfanne nehmen und abkühlen lassen.

6. Die Eier aufschlagen und unter den Pfannkuchenteig rühren. Falls nötig, noch etwas Milch oder Mehl hinzufügen.

7. In einer heißen Pfanne in Butterschmalz 4 Pfannkuchen ausbacken. Dabei jeweils ¼ des Teiges 1–2 Minuten goldbraun backen, wenden und weitere 1–2 Minuten backen.

8. Die Pfannkuchen mit dem Frischkäse bestreichen und darauf den Salat und die Pinienkerne verteilen. Das Basilikum und das Fenchelgrün darüberstreuen. Die Pfannkuchen aufrollen, halbieren und mit Holzspießchen fixiert servieren.

Nudelsalat mit Hähnchenbrust
und Minze

Zutaten:

400 g Linguine
4 Hähnchenbrustfilets
  (à ca. 120 g)
½ Salatgurke
2 EL Sonnenblumenöl

½ TL Currypulver
2 EL Sojasoße
ca. 100 ml Hühnerfond
2 EL Minze, grob
  gehackt

2 Handvoll frische
  Sojasprossen
Cayennepfeffer
Salz

Zubereitung:

1. Die Linguine in reichlich Salzwasser bissfest kochen.

2. Die Hähnchenbrustfilets waschen, trocken tupfen und würfeln.

3. Die Gurke schälen, längs halbieren und
   entkernen. In ca. 8 cm lange, dünne
   Streifen schneiden.

4. Das Fleisch in heißem Öl kräftig anbraten. Mit Currypulver würzen und noch
   etwas weiterbraten, dann mit Sojasoße
   und Fond ablöschen. Vom Herd nehmen
   und noch einige Minuten ziehen lassen.

5. Die Linguine kurz abschrecken und in
   eine Schüssel geben. Das Hühnerfleisch,
   die Gurke, die Minze und die abgebrausten
   Sojasprossen dazugeben. Alles vermischen
   und mit Cayennepfeffer würzen. Noch
   etwas ziehen lassen, dann abschmecken
   und lauwarm servieren.

Pasta Primavera
mit Ricotta-Zitronen-Soße

Zutaten:

500 g grüner Spargel
400 g grüne Bohnen
400 g Farfalle
1 Knoblauchzehe
2 EL Pinienkerne
1 EL Olivenöl
200 g Ricotta

Saft und abgeriebene
    Schale von ½ Zitrone,
    unbehandelt
40 g Parmesan,
    gehobelt
Salz, Pfeffer

Zubereitung:

1. Das untere Drittel vom Spargel abschälen. Die Bohnen waschen, putzen und zusammen mit dem Spargel ca. 10 Minuten in Salzwasser blanchieren. Abschrecken, abtropfen lassen und das Gemüse nach Belieben jeweils halbieren oder dritteln.

2. Die Nudeln in Salzwasser bissfest kochen. Den Knoblauch abziehen und fein hacken. Zusammen mit den Pinienkernen in heißem Öl 1–2 Minuten anschwitzen. Die Hitze reduzieren, den Ricotta, den Zitronensaft und die Zitronenschale unterrühren und das Gemüse darin schwenken. Mit Salz und Pfeffer abschmecken.

3. Die abgetropften Nudeln und evtl. etwas Kochwasser dazugeben und alles gut vermischen. Auf Tellern verteilen und mit Parmesan garniert servieren.

Ein schöner Tag in Montefioralle in der Toskana

Penne mit Salsiccia

Zutaten:

400 g Penne
500 g grüner Spargel
1 Knoblauchzehe
2 EL Olivenöl

300 g Salsiccia
 (italienische Bratwurst)
150 ml trockener Weißwein
100 g Kirschtomaten

1 Handvoll Basilikum
1 Handvoll Petersilie
80 g Parmesan, gehobelt
Salz, Pfeffer

Zubereitung:

1. Die Penne in Salzwasser bissfest kochen. Das untere Drittel vom Spargel abschälen und die Stangen in 4 – 5 cm lange Stücke schneiden.

2. Den Knoblauch abziehen und fein hacken. In heißem Öl mit dem Spargel kurz anschwitzen. Die Salsiccia pellen, zerkleinern und ca. 5 Minuten mitbraten. Mit dem Wein ablöschen und zugedeckt ca. 5 Minuten dünsten.

3. Die Tomaten waschen und vierteln. Die Kräuter waschen, trocken schütteln, abzupfen und grob hacken. Zusammen mit den Tomaten, der Hälfte des Parmesan und den abgetropften Nudeln dazugeben und alles gut vermischen. Mit Salz und Pfeffer abschmecken und auf Tellern verteilen. Mit dem restlichen Parmesan bestreut servieren.

Linguine mit Zitrone
und Rucola

Zutaten:

500 g Linguine
50 g Rucola
1 Zitrone, unbehandelt
1 Knoblauchzehe
3 – 4 EL Olivenöl
Pfeffer, frisch gemahlen
50 g Parmesan, frisch gerieben
Salz

Zubereitung:

1. Die Nudeln in kochendem Salzwasser bissfest kochen. Den Rucola waschen, putzen und trocken schleudern.

2. Die Zitrone heiß abwaschen, trocken tupfen, die Schale abreiben und den Saft auspressen.

3. Den Knoblauch abziehen, sehr fein hacken und in einer heißen Pfanne mit Öl kurz anbraten.

4. Die Nudeln abgießen und abtropfen lassen. Mit dem Rucola, evtl. etwas Nudelkochwasser und der Zitronenschale in die Pfanne geben und gut durchschwenken. Mit Salz, Pfeffer und Zitronensaft abschmecken. Den Parmesan dazugeben, alles gut vermischen und sofort servieren.

Rucola

Bis in die 80er-Jahre galt Rucola in Deutschland eher als Unkraut. Mit dem Siegeszug der italienischen Küche kam das früher als „Rauke" bekannte Kraut zu neuen Ehren. Die darin enthaltenen Senföle wirken sich positiv auf die Gesundheit aus und sorgen außerdem für den pfeffrigen Geschmack. Wenn man Rucola gart, verliert er an Schärfe, dafür tritt das nussige Aroma stärker hervor.

Linguine mit Ackerbohnen,
Bacon und Minze

Zutaten:

400 g Ackerbohnen, frisch
 oder TK
400 g Linguine
100 g Bacon
1 Handvoll Minze
4 EL Olivenöl
100 g Ziegenkäse
Pfeffer, frisch gemahlen
Salz

Zubereitung:

1. Die Ackerbohnen in Salzwasser
   6 – 8 Minuten kochen, abschrecken,
   abtropfen lassen und enthäuten. Die
   Nudeln in Salzwasser bissfest kochen.

2. Den Bacon in einer beschichteten Pfanne
   im eigenen Fett knusprig braun braten.
   Auf Küchenkrepp abtropfen lassen.

3. Die Minze waschen, trocken schütteln,
   die Blätter abzupfen und in feine Streifen schneiden.

4. Die Bohnen kurz in heißem Olivenöl
   schwenken und die abgetropften Linguine dazugeben. Falls nötig, etwas Nudel-
   wasser hinzufügen.

5. Die Minze dazugeben und den Käse da-
   rüberbröckeln. Mit Salz und Pfeffer abschmecken. Auf Tellern oder Schüsseln
   verteilen, mit dem zerbröckelten Bacon
   bestreut servieren.

Spaghetti mit Krabbenfleisch,
Rucola und Pancetta

Zutaten:

400 g Spaghetti
100 g Pancetta
  (Bauchspeck), in
  Scheiben geschnitten
1 Handvoll Rucola
2 Knoblauchzehen
150 g Krabbenfleisch

50 g Weißbrotbrösel
5 EL Olivenöl
1 Schuss trockener
  Weißwein
Pfeffer, frisch gemahlen
Salz

Zubereitung:

1. Die Spaghetti in Salzwasser bissfest kochen. Die Pancetta in Streifen schneiden.

2. Den Rucola waschen, putzen und falls nötig, kleiner zupfen. Den Knoblauch abziehen und fein hacken. Das Krabbenfleisch zerpflücken. Die Weißbrotbrösel in 2 EL Öl goldbraun anrösten.

3. Den Knoblauch, die Pancetta und das Krabbenfleisch im restlichen Öl in einer Pfanne 1–2 Minuten anschwitzen. Mit Weißwein ablöschen.

4. Den Rucola und die abgetropften Nudeln in der Pfanne schwenken. Mit Salz und Pfeffer würzen. Auf Tellern anrichten und mit den Bröseln garniert servieren.

Schwarze Spaghetti
mit Tintenfisch

Zutaten:

500 g schwarze Spaghetti
3 Knoblauchzehen
1 rote Zwiebel
1 rote Chilischote
500 g kleine Tintenfische, küchenfertig
3 – 4 Stängel Petersilie
2 EL Olivenöl
150 ml trockener Weißwein
Salz, Pfeffer

Zubereitung:

1. Die Nudeln in kochendem Salzwasser bissfest kochen. Inzwischen den Knoblauch und die Zwiebel abziehen und fein hacken. Die Chilischote waschen, halbieren, entkernen und fein hacken.

2. Die Tintenfische waschen, die Tuben (Körper) in Ringe und die Tentakel in Stücke schneiden.

3. Die Petersilie waschen, trocknen und grob hacken. In einer Pfanne das Öl erhitzen, den Knoblauch, die Zwiebel und den Chili 1–2 Minuten anschwitzen. Den Tintenfisch dazugeben, kurz mit anbraten und mit dem Weißwein ablöschen. Etwa 5 Minuten gar dünsten.

4. Die Nudeln abgießen und zusammen mit der Petersilie unter den Tintenfisch mischen. Mit Salz und Pfeffer abschmecken und servieren.

Schwarze Spaghetti

Diese Spaghetti erhalten ihre schwarze Farbe durch den Zusatz von Tintenfischtinte. Gekocht schmecken sie auch nach Tintenfisch, weshalb man sie gerne in Kombination mit Meeresfrüchten – und natürlich mit Tintenfischen – zubereitet.

Vollkornspaghetti mit Brokkoli
und Oliven

Zutaten:

400 g Brokkoli	2 Tomaten
1 Schalotte	1 Handvoll Basilikum
1 Knoblauchzehe	80 g Parmesan, frisch
2 EL Olivenöl	gerieben
ca. 100 ml Gemüsebrühe	60 g schwarze Oliven
500 g Vollkornspaghetti	Salz, Pfeffer

Zubereitung:

1. Den Brokkoli waschen, putzen und in kleine Röschen zerteilen. Den Stiel schälen und klein würfeln. Die Schalotte und den Knoblauch abziehen und zusammen in heißem Öl glasig anschwitzen. Den Brokkoli kurz mitdünsten, salzen, pfeffern und die Brühe angießen. Zugedeckt ca. 8 Minuten gar dünsten. Die Spaghetti in Salzwasser bissfest kochen.

2. Die Tomaten waschen, vierteln, entkernen und würfeln. Das Basilikum waschen, trocken schütteln, abzupfen und grob schneiden. Die Hälfte des Basilikums mit der Hälfte des Parmesans zum Brokkoli geben und alles nicht zu fein pürieren. Nach Bedarf noch ein wenig Brühe zufügen und mit Salz und Pfeffer abschmecken.

3. Die Nudeln abtropfen lassen und auf Teller verteilen. Den Brokkoli, die Tomaten und die Oliven daraufgeben und mit dem restlichen Parmesan und dem Basilikum bestreut servieren.

Unsere Trattoria in Pienza

Tagliatelle
mit Trüffel

Zutaten:

500 g Tagliatelle
2 EL Butter
50 g Parmesan, frisch gerieben
weißer Trüffel, nach Geschmack
Pfeffer, frisch gemahlen
Salz

Zubereitung:

1. Die Nudeln in Salzwasser bissfest kochen.

2. Die Butter in einer großer Pfanne erhitzen und schmelzen lassen.

3. Die abgetropften Nudeln mit etwas Nudel-kochwasser dazugeben.

4. Mit dem Parmesan bestreuen und auf Tellern anrichten. Mit Pfeffer bestreuen und mit frisch gehobeltem Trüffel garniert servieren.

Interessant!

Der Trüffel ist der teuerste Speisepilz der Welt. Ein Kilogramm weißer Trüffel kann – abhängig von der aktuellen Nach-frage und Verfügbarkeit – bis zu 9000 Euro kosten. Es gibt aber auch wesentlich preiswertere Sorten, so z. B. die soge-nannten Sommertrüffel aus Italien.

Pilz-Risotto mit Spinat

Zutaten:

250 g Risotto-Reis
4 EL Olivenöl
ca. 700 ml Hühnerbrühe
150 ml trockener Weißwein
300 g gemischte Pilze (Austern-
  pilze, Champignons u. Ä.)

1 Handvoll junger Spinat
2 EL Butter
60 g Parmesan,
  frisch gerieben
Pfeffer, frisch gemahlen
Salz

Zubereitung:

1. Den Reis in heißem Öl in einem Topf 1–2 Minuten anschwitzen.

2. Mit 1 Kelle Brühe und dem Weißwein ablöschen.

3. Die Pilze putzen und klein schneiden.

4. Die Pilze zum Reis geben. Gut umrühren, wieder etwas Brühe angießen und unter Rühren bei mittlerer Hitze köcheln lassen. Immer wieder etwas Brühe dazugeben und diese vom Reis aufsaugen lassen, bis der Reis gar ist, jedoch noch etwas Biss hat (ca. 20 Minuten).

5. Den Spinat waschen, verlesen und trocken schleudern. Zum Risotto dazugeben.

6. Zum Schluss die Butter und den Parmesan unterrühren. Mit Salz und Pfeffer abschmecken und das Risotto servieren.

Risotto mit Hühnerfleisch
und Pilzen

Zutaten:

1 Stange Lauch
1 Knoblauchzehe
2 EL Olivenöl
300 g Risotto-Reis
200 ml trockener
  Weißwein
ca. 800 ml Hühnerbrühe
200 g Champignons

2 Hähnchenbrust-
  filets (à ca. 120 g)
2 EL Butter
3 – 4 EL Parmesan,
  frisch gerieben
1 EL Salbei, fein
  geschnitten
Salz, Pfeffer

Zubereitung:

1. Den Lauch putzen, längs halbieren, waschen und in feine Streifen schneiden.
Den Knoblauch abziehen und fein hacken.
Zusammen im heißen Öl in einem Topf anschwitzen.

2. Den Reis dazugeben, kurz mit andünsten
und mit dem Wein ablöschen. Aufkochen
lassen und etwas Brühe angießen. Das
Risotto bei mittlerer Hitze unter ständigem
Rühren kochen. Immer wieder etwas Brühe
dazugeben, vom Reis aufnehmen lassen
und so fortfahren, bis der Reis cremig ist,
aber noch leichten Biss hat (ca. 20 Minuten).

3. Die Pilze putzen und je nach Größe halbieren oder vierteln. Die Hähnchenbrustfilets
abwaschen, trocken tupfen und in Streifen
schneiden. Die Pilze in 1 EL heißer Butter
2 – 3 Minuten goldbraun braten. Das Filet
dazugeben, kurz mitbraten, dann vom Herd
nehmen und nur noch gar ziehen lassen.

4. Mit Salz und Pfeffer würzen. Zum
Schluss zum Risotto geben und die
restliche Butter und den Parmesan unterrühren. Nochmals abschmecken, auf
Teller verteilen und mit Salbei garniert
servieren.

Risotto mit Steinpilzen

Zutaten:

1 Zwiebel
300 g Steinpilze
2 – 3 Stängel Petersilie
3 EL Olivenöl
2 EL Butter
350 g Risotto-Reis
ca. 1 l Gemüse- oder
   Hühnerbrühe
50 g Parmesan, frisch
   gerieben

Zubereitung:

1. Die Zwiebel abziehen und fein würfeln. Die Steinpilze putzen und in Scheiben schneiden. Die Petersilie waschen, trocken schütteln und die abgezupften Blätter fein hacken.

2. 1 EL Olivenöl und 1 EL Butter in einen heißen Topf geben und darin die Zwiebeln glasig anschwitzen. Den Reis dazugeben, kurz mitbraten und dann mit etwas heißer Brühe ablöschen. Das Risotto bei mittlerer Hitze unter ständigem Rühren kochen. Dabei immer wieder etwas Brühe dazugeben und diese vom Reis aufnehmen lassen. So fortfahren, bis der Reis cremig ist, aber noch leichten Biss hat (ca. 20 Minuten). Dann die restliche Butter und den Parmesan unterrühren. Mit Salz und Pfeffer abschmecken.

3. Kurz vor dem Servieren die Steinpilze im restlichen Olivenöl 1 – 2 Minuten goldbraun anbraten. Mit Salz und Pfeffer würzen und wieder aus der Pfanne nehmen. Ein paar Pilze zum Garnieren beiseitelegen und den Rest mit der Petersilie unter das Risotto mischen. Auf Teller verteilen und mit den Steinpilzen garniert servieren.

Gemüse-Risotto mit Paprika, Auberginen und Zucchini

Zutaten:

250 g Risotto-Reis
4 EL Olivenöl
150 ml trockener
  Weißwein
ca. 800 ml Gemüse-
  brühe
1 Aubergine
1 Zucchini
1 rote Paprika

1 gelbe Paprika
1 Knoblauchzehe
2 – 3 EL Parmesan,
  frisch gerieben
1 EL Basilikum,
  frisch gehackt
1 EL Petersilie,
  frisch gehackt
Salz, Pfeffer

Zubereitung:

1. Den Reis in 2 EL heißem Öl glasig anschwitzen. Mit dem Wein ablöschen und
rühren, bis der Wein vom Reis aufgenommen ist. Nach und nach die Brühe angießen
und immer wieder rühren, bis die Brühe
vom Reis aufgenommen ist. Auf diese Wei-
se ca. 20 Minuten garen, bis das Risotto
cremig ist und der Reis noch etwas Biss hat.

2. Die Aubergine, die Zucchini und die Paprika
waschen, putzen und klein würfeln. Den
Knoblauch schälen und fein hacken. Im
restlichen heißen Öl kurz anschwitzen.
Das übrige Gemüse dazugeben, salzen,
pfeffern und ca. 5 Minuten garen.

3. Das Gemüse mit dem Parmesan und den
Kräutern unter den Reis mischen, abschmecken und servieren.

Basilikum-Pesto

Zutaten:

50 g Pinienkerne
2 Handvoll Basilikum
1–2 Knoblauchzehen
80 g Parmesan
ca. 125 ml Olivenöl
Pfeffer, frisch gemahlen
Salz

1. Die Pinienkerne in einer Pfanne ohne Fett goldgelb rösten, aus der Pfanne nehmen und abkühlen lassen.

2. Das Basilikum abbrausen, trocken schütteln und die Blätter von den Stielen zupfen. Die Knoblauchzehen abziehen und halbieren.

3. Den Parmesan fein reiben.

4. Das Basilikum, die Pinienkerne und den Knoblauch im Blitzhacker pürieren. Dabei nach und nach das Olivenöl dazugeben, bis ein sämiges Pesto entstanden ist.

5. Zum Schluss den Parmesan untermischen und mit Salz und Pfeffer abschmecken.

Ravioli mit
Pesto-Ricotta-Füllung

Zutaten:

Für den Ravioliteig:
ca. 300 g Weizenmehl, doppelgriffig
3 Eier
1 EL Olivenöl
1 TL Salz

Für die Füllung:
150 g Pesto
100 g Ricotta, gut abgetropft
60 g Parmaschinken

1. Das Mehl, die Eier und das Öl mit dem Salz zu einem glatten, geschmeidigen Teig verkneten. Bei Bedarf noch etwas Wasser oder Mehl dazugeben. Den Teig zu einer Kugel formen und in Frischhaltefolie gewickelt ca. 30 Minuten ruhen lassen.

2. Den Teig in 3–4 Portionen teilen und jeweils nochmals durchkneten. Mit der Nudelmaschine oder auf einer leicht bemehlten Arbeitsfläche ca. 3 mm dünn ausrollen. Mit einem gewellten Teigrädchen in Quadrate (ca. 7 x 7 cm) schneiden.

3. Auf die Hälfte der Teigquadrate jeweils 1 TL Pesto setzen.

4. Ebenso etwas Ricotta und ein Stückchen vom zerpflückten Schinken daraufsetzen. Ein zweites Teigquadrat darauflegen und die Ränder gut andrücken. Auf der Arbeitsfläche ruhen lassen, bis alle Ravioli geformt sind. Anschließend in leicht köchelndem Salzwasser 3–4 Minuten gar ziehen lassen.

Hähnchen-Orzo-Salat
mit Pesto

Zutaten:

350 g Orzo-Nudeln
150 g Pesto
3 EL Olivenöl
2 EL Weißwein-Essig

150 g Babyspinat
250 g Kirschtomaten
2 Hähnchenschenkel,
  gegart und enthäutet

Parmesan,
  frisch gehobelt
Salz, Pfeffer

1. Die Nudeln in kochendem Salzwasser bissfest garen.

2. Währenddessen für die Salatsoße das Pesto mit dem Öl und dem Essig verrühren. Mit Salz und Pfeffer abschmecken.

3. Die Nudeln abgießen, abschrecken und gut abgetropft in einer Schüssel mit dem Pesto-Dressing vermischen.

4. Den Spinat waschen, gut abtropfen lassen und putzen.

5. Die Tomaten waschen und halbieren.

6. Das Hähnchenfleisch von den Knochen lösen und in mundgerechte Stücke zupfen oder schneiden.

7. Zusammen mit den Tomaten und dem Spinat zum Salat geben und alles gut vermischen. Mit frisch gehobeltem Parmesan bestreut servieren.

Interessant!

Orzo werden auch *Kritharáki* genannt und sind ein fester Bestandteil der griechischen Küche. Aufgrund ihrer Form, die einem Reiskorn ähnelt, werden sie in den deutschsprachigen Ländern meist Reisnudeln genannt. Allerdings wäre die Bezeichnung Nudelreis korrekter, da Orzo aus Hartweizengrieß hergestellt werden und nicht aus Reis.

Pesto rosso

Zutaten:

60 g getrocknete
  Tomaten
40 g Pinienkerne
1 Knoblauchzehe
1 Stängel Basilikum

ca. 120 ml Pflanzenöl
2 – 3 EL Parmesan,
  frisch gerieben
Cayennepfeffer

1. Die Tomaten klein schneiden.

2. Die Pinienkerne in einer heißen Pfanne goldbraun anrösten, herausnehmen und abkühlen lassen.

3. Den Knoblauch abziehen, klein schneiden und zusammen mit den Tomaten und den Pinienkernen im Mörser zerstoßen. Das Basilikum abbrausen, trocken schütteln und die Blätter abzupfen. Mit in den Mörser geben und zerkleinern.

4. Dabei nach und nach das Öl angießen, bis ein sämiges Pesto entstanden ist. Den Parmesan einrühren und mit Cayennepfeffer abschmecken.

Seeteufel mit Pesto rosso
im Schinkenmantel

Zutaten:

40 g getrocknete
   Tomaten
½ TL Pfefferkörner
1 Stängel Basilikum
1 Handvoll Rucola
1 EL Kresse
ca. 6 EL Olivenöl

Meersalz
1–2 TL Balsamico-Essig
ca. 150 g Schinken,
   luftgetrocknet
   (ca. 6 Scheiben)
1 Seeteufelfilet,
   küchenfertig (ca. 600 g)

Zubereitung:

1. Die Tomaten grob schneiden, mit dem Pfeffer in einen
   Mörser geben und grob zerstoßen. Das Basilikum und
   den Rucola abbrausen, trocken schütteln, abzupfen,
   grob hacken und zusammen mit der Kresse in den
   Mörser geben. Zu einer feinen Paste zerstoßen, dabei
   das Öl angießen, bis das Pesto streichfähig ist. Mit
   Salz und Balsamico abschmecken.

2. Die Schinkenscheiben leicht überlappend aufeinander
   legen, das Pesto daraufgeben und gleichmäßig verstreichen.

3. Den Fisch abwaschen und trocken tupfen. Auf die Mitte
   des Schinken-Pesto-Betts legen.

4. Den Backofen auf 160 °C vorheizen. Ein Backblech mit
   Backpapier auslegen. Den Fisch in den Schinkenmantel
   einschlagen.

5. Mit der Nahtseite nach unten auf das Backblech
   legen. Im Backofen ca. 25 Minuten backen. In Scheiben
   geschnitten servieren.

Seeteufel
mit Muscheln

Zutaten:

1 kg Miesmuscheln	Meersalz
600 g Seeteufelfilet	Pfeffer
3 EL Olivenöl	
1 Knoblauchzehe	Zum Garnieren:
1 Zwiebel	Estragonblättchen
150 ml trockener Weißwein	Currypulver

Zubereitung:

1. Die Muscheln gründlich waschen und den „Bart" entfernen (siehe rechte Seite, Bild 1). Die geöffneten Muscheln wegwerfen.

2. Den Seeteufel abwaschen, trocken tupfen und in ca. 1,5 cm dicke Scheiben schneiden.

3. Die Scheiben in einem Topf in 2 EL heißem Öl von beiden Seiten goldbraun anbraten und wieder herausnehmen.

4. Die Knoblauchzehe und die Zwiebel abziehen und beides fein würfeln. Im restlichen Öl kurz anschwitzen. Mit dem Weißwein ablöschen, salzen, pfeffern und die Muscheln mit dem Seeteufel hinzufügen.

5. Zugedeckt ca. 6 Minuten gar dünsten. Die nach dem Kochen noch geschlossenen Muscheln wegwerfen. Mit Estragon garnieren und mit Curry bestreut servieren.

Seeteufel

Der Seeteufel, ein Knochenfisch, gilt als besonders hässliches Meerestier, was sich in der Namensgebung widerspiegelt: In Italien wird er z. B. „coda di rospo" genannt, was so viel heißt wie „Krötenschwanz". Er lebt als Einzelgänger auf dem Grund des Mittelmeers und ernährt sich von anderen am Boden lebenden Fischen. Wegen seines unansehnlichen Aussehens wird er meist nicht im Ganzen verkauft, das Fleisch ist jedoch von vorzüglichem Geschmack und praktisch grätenfrei.

Miesmuscheln
in Weißweinsud

Zutaten:

2 kg Miesmuscheln
1 Schalotte
2 Knoblauchzehen
2 EL Olivenöl
200 ml trockener Weißwein
Salz, Pfeffer

1. Die Muscheln unter fließendem Wasser gründlich waschen und den „Bart" entfernen. Bereits geöffnete Muscheln wegwerfen.

2. Die Schalotte und den Knoblauch abziehen und fein würfeln. In heißem Öl glasig anschwitzen und mit dem Wein ablöschen. Die Muscheln dazugeben und zugedeckt ca. 8 Minuten dämpfen, bis die Muscheln geöffnet sind. Nicht geöffnete Muscheln wegwerfen.

3. Die Muscheln mit einem Schaumlöffel aus dem Sud nehmen und auf Tellern verteilen.

4. Den Sud durch ein Sieb gießen, mit Salz und Pfeffer abschmecken, über die Muscheln gießen und servieren.

Makrelen in
Olivenölmarinade

Zutaten:

4 Makrelenfilets   Olivenöl
(à ca. 200 g)   1 Knoblauchzehe
Meersalz   1 Chilischote
Pfeffer, frisch   Saft von 1 Zitrone
gemahlen   6 – 8 Lorbeerblätter
2 EL Weizenmehl

Zubereitung:

1. Die Fischfilets abwaschen und trocken tupfen. Mit Salz und Pfeffer würzen und im Mehl wenden.

2. Auf der Hautseite in 2 – 3 EL heißem Öl 3 – 4 Minuten goldbraun braten. Wenden, vom Herd nehmen und in der Pfanne gar ziehen lassen. Anschließend nebeneinander auf eine Platte oder eine flache Form legen.

3. Den Knoblauch abziehen und fein hacken. Die Chilischote in Ringe schneiden. Beides mit ca. 150 ml Olivenöl und dem Zitronensaft vermischen. Die Lorbeerblätter dazugeben und alles erwärmen. Über die Filets gießen, bis sie vollständig bedeckt sind. Vor dem Servieren mindestens 3 Stunden ziehen lassen.

Bitte einplanen:

Die Makrelen vor dem Servieren 3 Stunden ziehen lassen.

Oktopus mit Olivenöl-Kräuter-Vinaigrette

Zutaten:

1 Oktopus, küchenfertig
  (ca. 800 g)
75 ml Weißweinessig
1 Zweig Rosmarin
4 Zweige Thymian
1 Stängel Petersilie

2 Knoblauchzehen
4 EL Zitronensaft
2 EL Petersilie,
  gehackt
6 EL Olivenöl
Salz, Pfeffer

Zubereitung:

1. Den Oktopus waschen, mit 2 l Wasser, dem Essig und 1 EL Salz in einem Topf aufkochen lassen. Bei geringer Hitze halb zugedeckt ca. 100 Minuten köcheln lassen. Während der letzten 15 Minuten den Rosmarin, den Thymian und die Petersilie hinzufügen.

2. Mit einer Gabel die Garprobe machen: Lässt sie sich nach dem Einstechen leicht aus dem Fleisch ziehen, ist es gar.

3. Anschließend aus dem Sud nehmen und etwas abkühlen lassen. Den Knoblauch abziehen und fein hacken. Mit dem Zitronensaft, etwas Kochsud, Petersilie und Öl vermischen und mit Salz und Pfeffer abschmecken.

4. Den Oktopus in mundgerechte Stücke schneiden und in die Marinade geben. Mindestens 2 Stunden ziehen lassen, nochmals abschmecken und servieren.

Bitte einplanen:

Der Oktopus muss ca. 100 Minuten garen. Vor dem Servieren 2 Stunden ziehen lassen.

Octopus vulgaris
oder Gewöhnlicher Krake

Der Oktopus ernährt sich von Krabben, Hummern und Muscheln. Er lebt in europäischen und nordafrikanischen Meeresgewässern als Einzelgänger und hat einen Sinn für Ausgefallenes: Zwischen Felsspalten richtet er sich in Höhlen ein, in denen er interessante Fundstücke, wie z. B. funkelnde Glasscherben oder Münzen, sammelt.

Rotbarbe mit Bohnensalat

Zutaten:

200 g weiße Bohnen
4 Zweige Thymian
1 Zweig Rosmarin
1 rote Paprika
1 gelbe Paprika
2 Knoblauchzehen
5 EL Olivenöl
150 ml Gemüsebrühe
2 EL Zitronensaft
1 EL Petersilie, frisch gehackt

2 EL weißer Balsamico-Essig
8 Rotbarbenfilets (à ca. 100 g)
Pfeffer, frisch gemahlen
1–2 EL Weizenmehl
Salz

Außerdem:
Olivenöl zum Braten

Zubereitung:

1. Die Bohnen über Nacht einweichen. Anschließend abgießen und in einem Topf mit Wasser bedecken. Die Kräuterzweige hinzufügen und zugedeckt 50–60 Minuten gar kochen. Abgießen und abkühlen lassen.

2. Die Paprika waschen, halbieren, putzen und klein würfeln. Den Knoblauch abziehen, fein hacken und zusammen mit den Paprika in 2 EL heißem Öl 1–2 Minuten anschwitzen. Mit der Brühe ablöschen und zu den Bohnen geben.

3. Das restliche Öl, den Zitronensaft, die Petersilie sowie den Essig unterrühren und mit Salz abschmecken.

4. Die Fischfilets waschen, trocken tupfen und mit Salz und Pfeffer würzen. Die Haut mit Mehl bestäuben und in reichlich heißem Öl auf der Hautseite 1–2 Minuten goldbraun braten. Wenden, kurz gar ziehen lassen und mit dem Bohnensalat servieren.

Rotbarbe

Die Rotbarbe gehört zur Familie der Meerbarben. Sie lebt in Schwärmen auf Sand- und Schlammgründen im Mittelmeer, im Atlantik, selten auch in der Nordsee. Sie ist ein ausgezeichneter Speisefisch mit feinem, mageren Fleisch. Frische Rotbarben erkennt man am frischen Meeresgeruch, an fester Haut und festem Fleisch sowie an fest sitzenden Schuppen.

Bitte einplanen:

Die Bohnen müssen über Nacht eingeweicht werden.

Schwertfisch
mit mediterranem Gemüse

Zutaten:

1 Aubergine
1 Zucchini
200 g Kirschtomaten
100 g schwarze Oliven,
  entsteint
2 Knoblauchzehen

4 EL Olivenöl
½ TL Rosmarin,
  getrocknet
4 Schwertfisch-
  steaks (à ca. 200 g)
Salz, Pfeffer

Zubereitung:

1. Die Aubergine waschen, in Scheiben schneiden, salzen und zur Seite stellen.

2. Die Zucchini waschen und in ca. 1 cm große Würfel schneiden. Die Kirschtomaten waschen und vierteln. Die Oliven abgießen und gut abtropfen lassen. Den Knoblauch abziehen und fein würfeln. Die gesalzenen Auberginenscheiben abwaschen und ebenfalls würfeln.

3. 2 EL Öl in einer Pfanne erhitzen. Den Knoblauch glasig braten, dann die Auberginen und die Zucchini dazugeben und ca. 2 Minuten braten. Die Tomaten und die Oliven hinzufügen und alles ca. 5 Minuten schmoren. Den Rosmarin dazugeben und mit Salz und Pfeffer abschmecken.

4. Den Schwertfisch abwaschen und trocken tupfen. Das restliche Öl erhitzen und die Schwertfischsteaks von beiden Seiten jeweils ca. 2 Minuten braten, salzen und pfeffern. Den Schwertfisch mit dem Gemüse auf Tellern anrichten.

ZUM GRILLEN GEEIGNET

Gegrillte *Sardinen*

Zutaten:

1 kg Sardinen, küchenfertig
  (ca. 12 Stück)
Meersalz
Pfeffer, frisch gemahlen
1 Handvoll Thymian
2 – 3 EL Olivenöl

Zubereitung:

1. Die Fische gut abwaschen und trocken tupfen. Innen mit Salz und Pfeffer würzen. Den Thymian abbrausen, trocken schütteln und die Sardinen damit füllen.

2. Die Fische auch außen mit Salz und Pfeffer würzen und mit Olivenöl beträufeln.

3. Auf dem heißen Grill unter gelegentlichem Wenden ca. 10 Minuten grillen. Auf einer Platte oder auf Tellern anrichten und mit Zitronenspalten garniert servieren.

Tipp

Servieren Sie die gegrillten Sardinen mit Tomatensalat und Baguette bei einem sommerlichen Grillvergnügen.

Sardinenröllchen

Zutaten:

12 – 16 Sardinenfilets, küchenfertig
1 Knoblauchzehe
1 Handvoll gemischte Kräuter (Petersilie und Dill)
etwas Chili, zerrieben

4 – 5 EL Olivenöl
½ TL abgeriebene Zitronenschale, unbehandelt
1 – 2 EL Zitronensaft
Salz

Zubereitung:

1. Den Backofen auf 160 °C vorheizen. Die Sardinen abwaschen und trocken tupfen. Mit der Hautseite nach unten auf eine Arbeitsfläche legen.

2. Den Knoblauch abziehen und fein hacken. Die Kräuter waschen, trocken tupfen, abzupfen und grob hacken. Den Knoblauch mit etwas Chili, 2 – 3 EL Öl, den Kräutern und der Zitronenschale vermischen und mit Salz abschmecken.

3. Auf den Sardinen verteilen, diese einrollen und mit Holzspießchen fixieren. In eine eingeölte Backform legen und im Backofen (oder auf dem Grill) ca. 10 Minuten garen.

4. Vor dem Servieren mit dem Zitronensaft und etwas Olivenöl beträufeln. Mit Meersalz und Chili bestreut servieren. Dazu nach Belieben Salat reichen.

ZUM GRILLEN GEEIGNET

Tipp

Dieses Rezept ist auch zum Grillen im Freien gut geeignet: Legen Sie die Sardinenröllchen dann statt in eine Backform in eine mit Öl bestrichene Grillschale.

Brathähnchen mit Oliven und Rosmarin

Zutaten:

1 Hähnchen (ca. 1400 g)
2 Knoblauchzehen
100 g Rosmarin
3 – 4 EL Olivenöl
100 g schwarze Oliven
2 EL Honig
2 EL Zitronensaft
Salz, Pfeffer

Zubereitung:

1. Den Ofen auf 200 °C vorheizen. Das Hähnchen innen und außen gründlich waschen und trocken tupfen.

2. Den Knoblauch abziehen und halbieren. Den Rosmarin abbrausen, trocken schütteln und von einem Zweig die Nadeln abzupfen. Den restlichen Rosmarin in eine ofenfeste Form legen und mit 1 EL Öl beträufeln.

3. Das Hähnchen innen mit Salz und Pfeffer würzen und mit den Rosmarinnadeln und den Oliven füllen. Außen salzen und pfeffern und mit der Brustseite nach unten auf die Rosmarinzweige legen. Mit etwas Öl bepinseln, etwas Wasser angießen und im Backofen 20 Minuten garen.

4. Das Hähnchen wenden und wieder mit Öl bepinseln. Weitere ca. 40 Minuten im Ofen garen, währenddessen nach Bedarf Wasser nachgießen und das Hähnchen damit hin und wieder übergießen.

5. Den Honig mit dem Zitronensaft verrühren und während der letzten ca. 15 Minuten über das Hähnchen träufeln. Den Bratensaft abschmecken und das Hähnchen damit servieren.

Hähnchenschenkel mit Zitrone, Knoblauch und Thymian

Zutaten:

1 Zitrone,
  unbehandelt
4 Knoblauchzehen
3 Zwiebeln
4 Hähnchen-
  schenkel
½ TL edelsüßes
  Paprikapulver
Olivenöl

200 ml trockener
  Weißwein
ca. 200 ml
  Hühnerfond
Salz, Pfeffer

Zum Garnieren:
1 Handvoll
  Thymian

Zubereitung:

1. Den Backofen auf 180 °C vorheizen.

2. Die Zitrone heiß abwaschen, trocken
   reiben und in dünne Scheiben schneiden.

3. Den Knoblauch andrücken. Die Zwiebeln abziehen und längs in Spalten
   schneiden.

4. Die Hähnchenschenkel waschen, trocken tupfen und am Gelenk zerteilen.
   Mit Salz, Pfeffer und Paprika würzen und
   in einer heißen Pfanne mit Öl rundherum
   goldbraun anbraten.

5. Herausnehmen, beiseitelegen und die
   Zwiebeln mit dem Knoblauch und der
   Zitrone in die Pfanne geben. Unter gele-
   gentlichem Wenden anbraten. Mit dem
   Wein und dem Fond ablöschen, salzen
   und pfeffern.

6. Das Fleisch und die Kräuter dazugeben
   und im Backofen 30 – 35 Minuten garen.
   Während der letzten 15 Minuten den
   Thymian um das Hähnchen herum verteilen. Zum Schluss abschmecken und
   mit Thymian garniert servieren.

Kaninchen mit Tomaten
und Rosmarin

Zutaten:

2 Knoblauchzehen
2 Zwiebeln
1 Cavolo Nero (toskanischer
  Palmkohl) oder Grünkohl
  (ca. 600 g)
4 EL Olivenöl
1 Kaninchen, küchenfertig
  (ca. 1500 g)

200 ml trockener
  Weißwein
ca. 250 ml Gemüsebrühe
200 g Kirschtomaten
2 EL Rosmarin, frisch
  gehackt
Salz, Pfeffer

Zubereitung:

1. Den Kohl waschen, putzen und in mundgerechte
   Stücke schneiden. Den Knoblauch und die Zwiebeln
   abziehen und fein würfeln. Beides in 2 EL heißem Öl
   kurz anschwitzen, den Kohl hinzugeben und alles
   ca. 2 Stunden garen.

2. Den Backofen auf 160 °C vorheizen. Das Kaninchen
   abbrausen, trocken tupfen und in etwa 8 Stücke zerteilen. Mit Salz und Pfeffer würzen und im heißen Öl
   in einem Bräter rundherum braun anbraten.

3. Herausnehmen und den Kohl in den Bräter geben.
   Mit dem Knoblauch glasig schwitzen. Den Kohl unter-
   mischen und mit dem Wein ablöschen, etwas Brühe
   angießen und das Kaninchen wieder hineinlegen. Im
   Backofen ca. 60 Minuten schmoren und ab und zu mit
   Bratensaft begießen. Nach Bedarf Brühe nachgießen.

4. Die Tomaten waschen und
   vierteln. Mit dem Rosmarin während der letzten
   15 Minuten zum Kanin-
   chen geben.

Bitte einplanen:

Der Kohl muss
vorher ca. 2 Stunden
gegart werden.

Lammkotelett mit Sumach
und Apfel-Sellerie-Salat

Zutaten:

4 große Lammkoteletts
1 EL Sumach
1 EL Sesam
6 EL Olivenöl
4 Stangen Stauden-
  sellerie
2 Äpfel, z.B. Cox Orange

4 EL Apfelessig
1 EL Zitronensaft
1 EL Honig
20 g Pinienkerne,
  geröstet
Salz

Zubereitung:

1. Die Lammkoteletts waschen und trocken tupfen. Den Sumach mit dem Sesam und 2 EL Öl vermischen und damit die Koteletts bestreichen. Abgedeckt im Kühlschrank ca. 60 Minuten ziehen lassen.

2. Den Sellerie waschen, die Blättchen grob hacken und die Stangen in Scheiben schneiden. Die Äpfel waschen, vierteln, das Kerngehäuse herausschneiden und die Viertel in dünne Spalten schneiden.

3. Das restliche Öl mit dem Apfelessig, dem Zitronensaft und dem Honig verrühren. Die Äpfel und den Sellerie mit dem Dressing begießen. Mit Salz abschmecken und etwa 20 Minuten ziehen lassen. Anschließend die Pinienkerne untermischen.

4. Die marinierten Koteletts in einer beschichteten Pfanne nicht zu heiß von beiden Seiten ca. 10 Minuten braten. Mit dem Salat anrichten und servieren.

Bitte einplanen:

Die Lammkoteletts müssen 60 Minuten mariniert werden.

Sumach

Dieses Gewächs wurde bereits in der Antike vielseitig genutzt: Man verwendete es zum Gerben von Leder oder zum Färben von Haaren und Wolle. Zur Herstellung von Sumach als Gewürz wird das Fruchtfleisch vom Kern abgeschabt und in der Sonne getrocknet.

Vor allem in der Türkei ist Sumach als Alternative zu Zitronensaft oder Essig beliebt: Es wird über Salate, Fleisch- und Reisgerichte gestreut, denen es einen säuerlichen Geschmack verleiht.

Lammstelzen mit Artischocken und Oliven

Zutaten:

2 Zwiebeln
4 Knoblauchzehen
1 rote Chilischote
4 Lammstelzen (à ca. 350 g)
150 ml trockener Weißwein
2 EL Olivenöl
ca. 600 ml Lammfond
8 Tomaten
4 mittelgroße Artischocken
1 Zitrone, unbehandelt
2 Zweige Rosmarin
5 – 6 Stängel Thymian
60 g schwarze Oliven, entsteint
20 g Rosinen
20 g Pinienkerne
Salz, Pfeffer

Bitte einplanen:

Die Garzeit beträgt 2,5 Stunden.

Zubereitung:

1. Die Zwiebeln und den Knoblauch abziehen, den Knoblauch in Scheiben und die Zwiebeln in Streifen schneiden. Die Chilischote waschen, putzen und fein hacken.

2. Die Lammstelzen waschen, trocken tupfen und mit Salz und Pfeffer würzen. In heißem Öl in einem Bräter rundherum braun anbraten und wieder herausnehmen.

3. Den Chili, den Knoblauch und die Zwiebeln im Bräter 1 – 2 Minuten anschwitzen und mit dem Wein ablöschen. Etwas Fond angießen und das Lamm wieder hineinlegen.

4. Die Tomaten waschen, vierteln, den Strunk entfernen und in den Bräter legen. Im Backofen 2 ½ Stunden schmoren, dabei alle 30 Minuten die Lammstelzen wenden. Nach Bedarf ab und zu Fond nachgießen.

5. Von den Artischocken das obere Drittel der harten Blätter abschneiden und die äußeren Blätter entfernen. Den weicheren, essbaren Stielansatz schälen. Die Artischocken vierteln und das Heu mit einem kleinen Messer sorgfältig entfernen.

6. Die Zitrone halbieren. Eine Hälfte in Scheiben schneiden, von der anderen Hälfte den Saft auspressen. Den Zitronensaft mit 200 ml kaltem Wasser vermischen, die Zitronenscheiben hineinlegen und die zerteilten Artischocken 5 Minuten im Zitronenwasser liegen lassen.

7. Die Artischocken abtropfen lassen. Mit den Kräutern, den abgetropften Oliven, den Rosinen und den Pinienkernen während der letzten ca. 30 Minuten zum Lamm geben. Zum Schluss abschmecken und servieren.

Grundrezept Fond

Zutaten:

1 kg Knochen (vom Rind, Kalb, Lamm oder Huhn)
500 g Fleischstücke
1 Stück Knollensellerie oder 1 Petersilienwurzel

1 Zwiebel
50 g Tomatenmark
6 Pfefferkörner
5 EL Öl
250 ml Weißwein
Salz

Zubereitung:

1. Den Backofen auf 240 °C vorheizen. Das Öl in eine backofenfeste Bratpfanne geben und Knochen und Fleisch darin anbraten.

2. Das Wurzelgemüse und die Zwiebel putzen und zerkleinern. Beides in die Pfanne geben und anbraten. Das Tomatenmark einrühren und alles noch etwas anrösten. Dann mit wenig Wein ablöschen und die Pfefferkörner hinzufügen.

3. Die Pfanne in den Backofen stellen und die Flüssigkeit einkochen lassen. Mehrmals Wein nachgießen und die Soßenreste am Pfannenrand mit einrühren.

Traditionelle Küche mit Feuerstelle

4. Zum Schluss den Inhalt der Pfanne in einen Topf geben und mit ca. 2 l Wasser auffüllen. Den Fond ca. 90 Minuten einkochen. Den dabei entstehenden Schaum abschöpfen. Nach Ende der Kochzeit Geschmack und Konsistenz überprüfen und den Fond durch ein feines Sieb geben. Zur Weiterverarbeitung beiseitestellen oder in kleineren Portionen einfrieren.

Herstellung von Fond

Die Fond-Herstellung ist nicht schwierig, jedoch zeitaufwändig. Fonds können auf Vorrat zubereitet und dann in kleinen Portionen eingefroren werden.

Fleisch, Knochen und Wurzelgemüse (Karotten, Knollensellerie oder Petersilienwurzel, Zwiebeln) werden angeröstet und dann mit wenig kaltem Wasser oder Wein abgelöscht. Danach wird die Flüssigkeit mehrfach eingekocht und wieder nachgegossen. Beim Verdampfen der Flüssigkeit bleiben die Geschmacksstoffe im Fond erhalten. Der intensive Geschmack entsteht durch Röstaromen beim Karamellisieren der in Fleisch, Knochen und Gemüse enthaltenen Zuckerstoffe.

Zum Schluss wird nochmals mit kaltem Wasser aufgegossen und alles bis zu 90 Minuten bei geringer Hitze gekocht. Zur Herstellung eines besonders geschmacksintensiven Fonds kann die gesamte Prozedur wiederholt werden.

Der beim Kochen entstehende Schaum sollte abgeschöpft und die Flüssigkeit am Ende durch ein feines Sieb geschüttet werden.

Lammkotelett mit Bohnen-Kräuter-Salat

Zutaten:

400 g grüne Bohnen
400 g Ackerbohnen
2 Lauchzwiebeln
½ Handvoll Petersilie
½ Handvoll Minze-
   blättchen
1 Zitrone, unbehandelt
1 Limette
4 EL Olivenöl
1 Prise Zucker
8 Lammkoteletts
Salz

Zubereitung:

1. Die grünen Bohnen waschen und putzen. In einem Topf mit Salzwasser ca. 8 Minuten bissfest kochen, abgießen und abschrecken. Dann die Ackerbohnen 4 Minuten kochen, abschrecken, abtropfen lassen und die Haut abziehen.

2. Die Lauchzwiebeln waschen, putzen und in Ringe schneiden. Die Petersilie und die Minze waschen, trocken schütteln und die Blättchen abzupfen. Die beiden Bohnensorten mit den Lauchzwiebeln und den Kräutern mischen.

3. Die Zitrone heiß abwaschen und mit dem Zestenreißer dünne Streifen von der Schale abziehen. Den Saft der Zitrone und der Limette auspressen und daraus mit 3 EL Öl, Salz und Zucker ein Dressing herstellen. Die Zitronenschale dazugeben und unter den Bohnensalat mischen.

4. Die Lammkoteletts abwaschen, trocken tupfen und mit Salz würzen. Im restlichen Öl in einer beschichteten Pfanne 5 – 6 Minuten goldbraun braten. Zum Servieren den Salat mit den Lammkoteletts auf Tellern anrichten.

Lammfrikadellen mit Rosmarin

Zutaten:

1 Knoblauchzehe
800 g Lammhackfleisch
1 Ei
1 EL Rosmarin, gehackt
ca. 100 g Semmelbrösel
3 – 4 EL Pflanzenöl
Salz, Pfeffer

Zum Garnieren:
einige Rosmarinzweige

Zubereitung:

1. Den Knoblauch abziehen und fein hacken. Mit dem Lammhackfleisch, dem Ei und dem Rosmarin vermischen. Die Semmelbrösel dazugeben und alles zu einem gut formbaren Teig verkneten. Mit Salz und Pfeffer würzen und nochmals alles gut vermischen.

2. Aus dem Fleischteig kleine Frikadellen formen und in den übrigen Bröseln wenden. In heißem Öl unter gelegentlichem Wenden 5 – 6 Minuten goldbraun braten. Auf Küchenkrepp abtropfen lassen und nach Belieben mit Rosmarinzweigen garniert servieren.

Frikadellen
mit mediterraner Füllung

Zutaten:

1 altbackenes Brötchen
600 g Rinderhackfleisch
1 Ei
2 EL glatte Petersilie,
   grob gehackt

2 EL grüne Oliven,
   entsteint
2 – 3 EL getrocknete,
   eingelegte Tomaten
   (Glas)

½ Kugel Mozzarella
   (ca. 65 g)
Pfeffer, frisch gemahlen
100 g Weizenmehl
Salz

Zubereitung:

1. Das Brötchen in lauwarmem Wasser
   einweichen, gut ausdrücken, zerpflücken
   und mit dem Hackfleisch in eine Schüssel
   geben. In die Mitte eine Mulde drücken,
   das Ei aufschlagen und hineingeben, die
   Petersilie auf dem Rand verteilen.

2. Für die Füllung die Oliven, die Tomaten und den Mozzarella gut abtropfen lassen und in kleine Würfel schneiden.

3. Die Hackfleischmasse verkneten, salzen, pfeffern und kleine Portionen abstechen. Jede Portion flach drücken, in die Mitte etwas von der Füllung geben, mit dem Hackfleischteig umschließen und zu Frikadellen formen.

4. Das Mehl etwas salzen und pfeffern und die Frikadellen darin wenden. Überschüssiges Mehl vorsichtig abklopfen.

5. Den Backofen auf 200 °C vorheizen. Ein Backblech mit Backpapier auskleiden und die Frikadellen darauflegen. Im Backofen 25 – 30 Minuten backen. Dabei einmal wenden. Die fertig gebackenen Frikadellen herausnehmen und sofort servieren.

Mediterraner *Auflauf*

Zutaten:

1 altbackenes Brötchen
2 mittelgroße Zucchini
1 kleine Aubergine
5 Fleischtomaten
1 EL Olivenöl
600 g gemischtes Hackfleisch
2 Eier
Pfeffer, frisch gemahlen
1 TL Oregano, getrocknet
1 TL Thymian, getrocknet
1 TL edelsüßes Paprikapulver
Olivenöl, für die Form
ca. 350 g Mozzarella, gerieben
1 EL frischer Oregano, gehackt
Salz

Zubereitung:

1. Das Brötchen in etwas Wasser einweichen. Die Zucchini und die Aubergine waschen und die Stielansätze entfernen. Der Länge nach in dünne Scheiben schneiden. Die Auberginenscheiben mit etwas Salz bestreuen und beiseitestellen. Die Tomaten waschen und in Scheiben schneiden, zuvor den Strunk entfernen.

2. Den Backofen auf 200 °C vorheizen. Die Auflaufform mit Öl einpinseln.

3. Das Brötchen ausdrücken und zusammen mit dem Hackfleisch und den Eiern in eine Schüssel geben. Mit Salz, Pfeffer, Oregano, Thymian und Paprikapulver würzen und alles verkneten.

4. Das Hackfleisch in die Auflaufform geben und festdrücken. Etwa ⅓ des Mozzarellas daraufstreuen. Die Auberginen mit Küchenkrepp trocken tupfen und abwechselnd mit den Zucchini über das Hackfleisch legen.

5. Die Auflaufform mit Alufolie abdecken und ca. 40 Minuten im Backofen backen. Dann herausnehmen und die Alufolie abnehmen. Die Tomatenscheiben und den restlichen Mozzarella auf dem Auflauf verteilen und weitere 10 Minuten abgedeckt backen, bis der Mozzarella goldbraun wird. Nach Belieben mit frischem Oregano garnieren und servieren.

Kalbsleberspieße

Zutaten:

500 g Kalbsleber,
   küchenfertig
200 g Champignons
100 g Kirschtomaten
150 g geräucherter
   Bauchspeck, in
   Scheiben geschnitten
1 Knoblauchzehe

2 EL Rosmarin, frisch
   gehackt
4 – 5 EL Olivenöl
Salz, Pfeffer

Außerdem:
8 Schaschlikspieße

Zubereitung:

1. Die Leber abbrausen und in mundgerechte Würfel
   schneiden. Die Champignons putzen und halbieren.
   Die Tomaten waschen und trocken tupfen.

2. Die vorbereiteten Zutaten mit dem Speck abwechselnd auf 8 Schaschlikspieße stecken.

3. Den Knoblauch abziehen und fein hacken. Mit dem
   Rosmarin, dem Öl und dem Pfeffer verrühren und
   damit die Spieße bepinseln.

4. In einer Grillpfanne oder
   auf dem heißen Grill unter regelmäßigem Wenden
   etwa 10 Minuten grillen.
   Immer wieder mit dem Öl
   bestreichen. Zum Schluss
   salzen und servieren. Dazu
   passt beispielsweise Zwie-
   bel-Chutney.

Chutney aus roten Zwiebeln

Zutaten:

1 kg rote Zwiebeln
1 EL Olivenöl
200 g Zucker
100 ml Rotwein
100 ml Balsamico-Essig
1 Lorbeerblatt
Salz

Zubereitung:

1. Die Zwiebeln abziehen, halbieren,
   in feine Ringe schneiden und im
   Olivenöl andünsten.

2. Den Zucker, den Rotwein, den Essig
   und das Lorbeerblatt hinzufügen
   und alles ca. 15 Minuten einkochen
   lassen. Mit Salz abschmecken.

Rinderfilet mit Kartoffel-Oliven-Creme und Parmesantalern

Zutaten:

300 g mehligkochende
 Kartoffeln
4 Rinderfiletsteaks (à ca. 160 g)
5 EL Olivenöl
40 g grüne Oliven, entsteint
ca. 60 ml heiße Milch

4 EL Parmesan, gerieben
Salz, Pfeffer

Zum Garnieren:
Gartenkresse

Zubereitung:

1. Die Kartoffeln schälen, würfeln und in Salzwasser
ca. 20 Minuten gar kochen.

2. Den Backofen auf 100 °C vorheizen. Unter einem Backofenrost eine Fettpfanne bereitstellen.

3. Die Steaks abwaschen, trocken tupfen und mit Salz
und Pfeffer würzen. In 1 EL heißem Öl auf beiden Seiten
braun anbraten und auf den Backofenrost legen. Mit der
Fettpfanne zum Auffangen von Bratensaft in den Backofen schieben und je nach Dicke oder gewünschtem
Gargrad ca. 15 Minuten garen.

4. Die Kartoffeln abgießen und ausdampfen lassen. Die
Oliven gut abtropfen lassen und fein hacken. Mit der
Milch und dem restlichen Olivenöl unter die Kartoffeln
mischen und daraus ein sämiges Püree herstellen.

5. Den Parmesan in 4 Häufchen in eine heiße, beschichtete
Pfanne geben und langsam goldbraun schmelzen lassen. Sofort herausnehmen und auf einem Teller abkühlen lassen.

6. Die Steaks aus dem Backofen nehmen, kurz ruhen lassen
und in der Mitte durchschneiden. Mit dem Püree und den
Parmesantalern anrichten. Mit Kresse garniert servieren.

Sirloin-Steak mit mediterranem Grillgemüse

Zutaten:

2 Auberginen
2 Zucchini
1 rote Paprika
1 gelbe Paprika
2 Knoblauchzehen
2 Stängel Thymian
3 – 4 EL Zitronensaft

4 – 5 EL Olivenöl
4 Sirloin-Steaks
 (à ca. 180 g)
4 Tomaten
1 rote Zwiebel
1 EL Kapern
Salz, Pfeffer

Zubereitung:

1. Die Auberginen waschen, putzen und quer in ca. 0,5 cm dicke Scheiben schneiden. Salzen und ca. 10 Minuten ziehen lassen, trocken tupfen. Die Zucchini waschen, putzen und längs in Scheiben schneiden. Die Paprika waschen, halbieren, putzen und in Streifen schneiden. Den Knoblauch abziehen und mit 1 Prise Salz fein zerreiben.

2. Den Thymian waschen, trocken schütteln und abzupfen. Mit dem Knoblauch, 2 EL Zitronensaft und 3 – 4 EL Öl verrühren. Das vorbereitete Gemüse mit dem Öl bepinseln, mit Salz und Pfeffer würzen und in einer Aluschale auf dem Grill oder in einer Grillpfanne ca. 10 Minuten grillen.

Tipp:

Dieses Rezept eignet sich sowohl für die Zubereitung in der Grillpfanne als auch zum Grillen im Freien.

3. Die Steaks abwaschen, salzen, pfeffern, mit dem restlichen Öl beträufeln und ebenfalls auf dem Grill oder in der Grillpfanne auf beiden Seiten ca. 6 Minuten grillen.

4. Die Tomaten waschen und in Stücke schneiden, dabei den Stielansatz herausschneiden. Die Zwiebel abziehen und fein würfeln. Mit den Tomaten und den Kapern vermischen und mit dem restlichen Zitronensaft sowie Salz und Pfeffer abschmecken. Zusammen mit dem Grillgemüse und den Steaks auf Tellern anrichten und servieren.

Sirloin-Steak

Diese Rindersteaks werden 4 bis 6 cm dick aus dem hinteren Ende des flachen Roastbeefs im unteren Rückenbereich geschnitten. Die Herkunft des Namens ist nicht sicher geklärt, er geht wahrscheinlich auf das mittelfranzösische *surlonge* (= über der Lende) zurück.

Grießdessert mit Feigen

Zutaten:

400 ml Milch
4 EL Zucker
1 Stück Zitronenschale,
  unbehandelt
100 g Hartweizengrieß
1 EL Butter

4 Feigen
100 ml trockener Weißwein
2 EL Honig
1 Vanilleschote
1 EL Mandelkerne

Zubereitung:

1. Für den Grießbrei die Milch mit dem Zucker und der Zitronenschale zum Kochen bringen. Den Grieß einrieseln und ca. 1–2 Minuten köcheln lassen, dabei stets rühren. Den Grießbrei zur Seite stellen, die Butter einrühren und alles ca. 10 Minuten quellen lassen. Die Zitronenschale wieder entfernen.

2. Die Feigen waschen und längs vierteln. Den Wein mit dem Honig aufkochen lassen. Die Vanilleschote aufschlitzen und in 4 Teile schneiden. Mit den Feigen in den Topf geben, beiseitestellen und ziehen lassen.

3. Den Grießbrei in Dessertgläser füllen. Darauf die Feigen und jeweils 1 Stück Vanilleschote setzen und mit gehackten Mandeln bestreut servieren.

Zitronen-Mousse
mit Limoncello

Zutaten:

2 Zitronen, unbehandelt
200 ml Zitronensaft,
  frisch gepresst
150 ml trockener Weißwein
150 g Zucker
1 EL Vanillezucker
2 Eier
30 g Speisestärke
2 – 4 cl Limoncello
100 ml süße Sahne

Zubereitung:

1. Beide Zitronen heiß waschen und trocken reiben. Eine Zitrone in sehr dünne Scheiben schneiden und damit die Gläser auskleiden. Von der anderen Zitrone die Schale abreiben.

2. Den Zitronensaft, den Abrieb, den Wein und 100 g Zucker sowie den Vanillezucker zum Kochen bringen. Die Eier trennen und die Speisestärke mit 2 Eigelben und dem Limoncello verrühren. Die angerührte Stärke unter Rühren in die kochende Flüssigkeit geben und nochmals aufkochen lassen. Vom Herd ziehen und abkühlen lassen.

3. Das Eiweiß mit dem restlichen Zucker sehr steif schlagen und unter die Creme rühren. Die Sahne steif schlagen und ebenfalls unterheben. Die Mousse in die vorbereiteten Gläser füllen und mindestens 30 Minuten kalt stellen. Dann gekühlt servieren.

Marokkanisches Joghurteis
mit Granatapfel

Zutaten:

1 Vanilleschote
1 Prise Kardamom, gemahlen
1 Prise Zimt, gemahlen
150 ml Schlagsahne
500 g Naturjoghurt
3 EL flüssiger Honig

60 ml Granatapfelsaft
1 Granatapfel

Zum Garnieren:
Minzeblättchen

Bitte einplanen:

Das Eis muss 4 Stunden gefrieren.

Zubereitung:

1. Die Vanilleschote aufschlitzen, das Mark herauskratzen und mit der Schote, den Gewürzen und der Sahne in einem Topf zum Kochen bringen. Vom Herd nehmen, durch ein feines Sieb passieren und abkühlen lassen.

2. Den Joghurt mit dem Honig und dem Granatapfelsaft verrühren. Die Gewürzsahne steif schlagen und unter den Joghurt heben. Die Masse in eine flache Schale streichen und für ca. 4 Stunden in das Gefrierfach stellen. Dabei die ersten 2 Stunden alle 30 Minuten durchrühren. Beim Gefrieren mit der Eismaschine die Masse in ca. 25 Minuten cremig gefrieren lassen.

3. In der Zwischenzeit den Granatapfel halbieren und die Kerne mit einem Löffel vorsichtig herauslösen.

4. Das Eis kurz antauen lassen, in einen Spritzbeutel mit großer Sterntülle geben und in Gläser spritzen. Mit den Granatapfelkernen bestreuen und mit Minze garniert servieren.

Die Granatäpfel

Auszug aus einem Volksmärchen

...Eines Morgens kam er in einen Wald und ging und ging und ward durstig, fand aber kein Wasser zum Trinken, noch ein Haus, dort eins zu bekommen. Da setzte er sich auf die Erde, denn er konnte wirklich nicht weiter, und als er sich etwas ausgeruht hatte, hob er den Kopf und sah einen Baum mit drei Granatäpfeln. „Schau", sagte er, „ich will mir einen pflücken, um nur ein wenig den Durst zu stillen." − Er brach einen ab, machte ihn auf, und heraus sprang ein schönes Mädchen, weiß und rot und aus Milch und Blut gemacht...

Register

© 2013 design cat GmbH

Genehmigte Lizenzausgabe
EDITION XXL GmbH
Fränkisch-Crumbach 2013
www.edition-xxl.de

Idee und Projektleitung:
Sonja Sammüller
Layout, Satz und Umschlaggestaltung:
design cat GmbH

ISBN (13) 978-3-89736-177-5
ISBN (10)   3-89736-177-9